Die echte

WINZER-KÜCHE

Christiane Leesker
Vanessa Jansen

Die echte WINZER-KÜCHE

Eine kulinarische Reise
durch die Weinregionen – von der Ahr
bis in die Wachau, von der Nahe
bis nach Wien

DK

Inhalt

Wein und Essen
Ein Traumpaar

Freundliche Winzerfamilien besuchen, köstliche Gerichte fotografieren (und sie probieren), über Wein plaudern (und ihn probieren): Manchmal könnten die Fotografin Vanessa Jansen und ich als Autorin uns glatt selbst um unseren Job beneiden!

Für dieses Kochbuch bereisten wir – ohne Anspruch auf Vollständigkeit – viele Weingebiete von Ost nach West und von Nord nach Süd. Flussläufe spielten eine große Rolle: Ahr, Mosel, Rhein, Nahe, Saale, Unstrut, Elbe, Donau. Die oft steil ansteigenden, von der Sonne verwöhnten Uferregionen sind ideale Weinbaugebiete – zumal dort etwas anderes oft gar nicht wachsen könnte. Weinstöcke wurzeln auf der Suche nach Wasser tief im Boden. Sie arbeiten sich durch Lehm, Schiefer, Schotter, Sand und jede Art von Felsgestein, nehmen Mineralien auf und geben sie an ihre Früchte weiter. Ein Riesling von der Mosel schmeckt anders als ein Riesling vom Rhein, ein Spätburgunder aus Baden anders als einer aus der Pfalz. Jede Region hat ihren eigenen Charme und Charakter. Es gibt immer regional typische Rebsorten, viele Winzer experimentieren aber auch gern und bauen ungewöhnliche oder seltene Reben an.

Um Wein geht es in diesem Buch aber nur in zweiter Linie. Die Hauptrolle spielt das Essen! Weingüter bieten oft neben einem Weinverkauf auch Gastronomie an. Ob Straußenwirtschaften, Heurigen, Besenbeizen, Buschenschanken, Kränzle oder Rädle, sie alle haben etwas gemeinsam: An festgelegten Tagen wird dort Wein ausgeschenkt, der vor Ort hergestellt wurde. Wenn Besen, Kränze oder grüne Blätterbüschel über der Tür hängen, ist der Ausschank geöffnet. Und neben einem Schoppen gibt es meist auch herzhafte Kleinigkeiten zu essen. Ein Klassiker, den man fast überall antrifft, ist Flammkuchen in jeder Variation, auch Dünnele oder Dinnete genannt. Brot mit Dips oder Wurst- und Käseplatten sind ebenfalls beliebt. Hier und da werden auch Kuchen und Torten angeboten.

Andere Weingüter führen regelrechte Restaurants mit regionaler oder internationaler Küche. Wir haben bodenständige und traditionelle Gerichte ebenso vorgefunden wie mediterrane und moderne, Überliefertes ebenso wie Innovatives. Die Speisekarten sind so verschieden wie die Winzerfamlien selbst. Die Menschen dahinter teilen aber alle die gleiche intensive und ansteckende Leidenschaft. Die große Sorgfalt, die sie auf die Arbeit im Weinberg und auf das Keltern ihrer Weine verwenden, ist auch Maßstab in ihren Küchen und bei der Bewirtung ihrer Gäste.

Wenn Sie Essen und Wein lieben, werden Sie in diesem Buch viele Anregungen finden, beide zu kombinieren. Wir wünschen dabei viel Vergnügen!

Herzhafte Kleinigkeiten

Alle Straußen- oder Besenwirtschaften bieten sie an: Flammkuchen, Dünnele oder Dinnete. Die knusperdünnen Fladen, klassisch belegt mit saurer Sahne, Zwiebeln und Speck, gibt es in wohl hundert Varianten. Hier eine besonders feine.

Flammkuchen Winzer

mit Trauben, Walnüssen und Ziegenkäse

Für 4 Flammkuchen
Zubereitung 15 Minuten +
45 Minuten Ruhezeit +
1 Stunde Backzeit

Für den Teig
200 g Weizenmehl (Type 550), plus mehr zum Verarbeiten
200 g Roggenmehl (Type 1150)
½ TL Salz
1 Päckchen Trockenhefe
1 EL Olivenöl

Für den Belag
250 g saure Sahne
250 g Crème fraîche
Salz, frisch gemahlener Pfeffer
500 g weiße und blaue Trauben
Olivenöl zum Beträufeln
150 g Walnusskerne
200 g Ziegenfrischkäse
Crema di Balsamico zum Beträufeln

Für den Teig beide Mehlsorten, ½ TL Salz und Trockenhefe in einer Schüssel mischen. Olivenöl und 250 ml lauwarmes Wasser und nach und nach zugeben und alles mit den Knethaken des Handrührgeräts zu einem Teig verkneten. Den Teig zu einer Kugel formen, mit Mehl bestäuben und zugedeckt an einem warmen Ort 45 Minuten gehen lassen.

Inzwischen den Backofen auf 220 °C Ober-/Unterhitze vorheizen. Für den Belag saure Sahne mit Crème fraîche glatt rühren und mit Salz und Pfeffer würzen. Die Trauben waschen, von den Rispen streifen und in eine ofenfeste Form geben. Mit Olivenöl beträufeln, salzen und pfeffern. Die Walnusskerne hacken und zu den Trauben geben. Trauben und Nüsse im vorgeheizten Ofen auf mittlerer Schiene 10–15 Minuten backen, bis Saft aus den Trauben austritt. Bei großen Trauben dauert das eventuell etwas länger. Herausnehmen und beiseitestellen.

Den Teig in 4 Portionen teilen und diese auf der bemehlten Arbeitsfläche zu dünnen Fladen ausrollen. Je 1 Fladen auf ein mit Backpapier belegtes Backblech legen und mit einem Viertel der Creme bestreichen. Ein Viertel der Trauben-Nuss-Mischung darauf verteilen, 50 g Ziegenfrischkäse darüberbröseln und mit einem Löffel etwas ausgetretenen Traubensaft darüberträufeln. Den Flammkuchen im vorgeheizten Ofen auf mittlerer Schiene in 12–15 Minuten knusprig goldbraun backen.

Herausnehmen, auf ein Holzbrett legen, mit Crema di Balsamico beträufeln und in Streifen geschnitten servieren. Die restlichen Fladen ebenso belegen und backen.

Mit diesem Rezept verbindet das griechisch-deutsche Winzerpaar vom Weingut Lithos den Mittelrhein mit dem Mittelmeer. *Olenaiko* heißt »auf olenaische Art«. Aus dem griechischen Dorf Olena stammt der Vater des Winzers Christos Theodoropoulos.

Tsatsiki Olenaiko

Für 6–8 Personen
Zubereitung 15 Minuten

1 Salatgurke
1 Knoblauchzehe
1 Zwiebel
½ TL getrockneter Oregano
½ TL getrockneter Thymian
1 kg griech. Joghurt (10 % Fett)
Salz, frisch gemahlener Pfeffer
1–2 EL natives Olivenöl extra

Außerdem
getrockneter Oregano und schwarze Oliven für die Dekoration

Die Salatgurke schälen und raspeln. Die Gurkenraspel in einem Sieb gut ausdrücken und in eine Schüssel geben.

Knoblauch und Zwiebel schälen und fein würfeln. Oregano und Thymian im Mörser fein zerdrücken. Knoblauch, Zwiebel und Kräuter zur Gurke geben. Den Joghurt zufügen und alles gut vermischen.

Das Tsatsiki mit Salz und Pfeffer würzen und das Olivenöl unterrühren. In Portionsschälchen füllen, mit etwas Oregano bestreuen und mit je 1 Olive dekorieren. Dazu passen frisches Weißbrot, Sesamkringel oder, wie hier, einfach Salzbrezeln.

Sekt von der Ahr
Die Champagner-Methode

Der unter dem Winzerhof Körtgen mitten in Ahrweiler gelegene Gewölbekeller ist vermutlich um einige hundert Jahre älter als das darüberliegende Haus aus dem 18. Jahrhundert. Die Winzerfamilie nutzt das urige Gemäuer, das über eine steile Steintreppe zugänglich ist, für die Flaschengärung ihrer hauseigenen Winzersekte. Die Familie hat erkannt, dass Winzersekte von der Ahr eine Nische darstellen. Und da sowohl Vater Christof als auch Tochter Lena viel Erfahrung auf dem Gebiet der Sektherstellung mitbringen, spezialisierten sie ihren Betrieb auf dieses aufwendige Verfahren. Die hierfür verwendeten Trauben baut der Bruder des Winzers vor Ort an. Es wird hauptsächlich Spätburgunder (Blanc de Noir) verwendet.

Mindestens zwölf Monate dauert die zweite sogenannte Flaschengärung nach der Champagner-Methode. Familie Körtgen lässt ihre Sekte bis zu dreißig Monate und länger reifen, bevor nach alter Tradition mit dem Rütteln von Hand begonnen wird. Dafür werden die Flaschen in einem

bestimmten Neigungswinkel immer wieder etwas gedreht, bis sich die enthaltenen Hefen vollständig oberhalb des Kronkorkens abgesetzt haben.

Jetzt erfolgt das spannende Degorgieren. Bei Familie Körtgen erfolgt dies von Hand. Dafür wird der Flaschenhals kopfüber in eine Kühlflüssigkeit getaucht und sozusagen schockgefroren. Wenn danach der Kronkorken entfernt wird, schießt die gefrorene Hefe mit ordentlichem Knall wie ein Geschoss heraus. Jetzt wird die Dosage zugegeben, die dem Sekt den gewünschten harmonischen Geschmack verleiht, mit Sekt bis zur Füllhöhe wieder aufgefüllt, und die Flasche endgültig mit Korken und Agraffe verschlossen.

Entstanden ist ein Winzersekt, der es an Qualität mit hochwertigen Schaumweinen wie Champagner oder Crémant aufnehmen kann. Ein großer Teil des eigenen Sekts wird übrigens in der sehr beliebten Weinstube ausgeschenkt, die Ehefrau Ute Körtgen führt.

Schwäbischer Wurstsalat

Für 4 Personen
Zubereitung 20 Minuten +
1 Stunde Kühlzeit

Für den Salat
300 g Fleischwurst
300 g Schinkenwurst
150 g Essiggurken (aus dem Glas)
250 g Schwarzwurst (Blutwurst)

Für das Dressing
1 TL Zucker
Salz
1 TL mittelscharfer Senf
1 EL getrocknete Salatkräutermischung
1 TL Sonnenblumenöl
Essiggurkensud (aus dem Glas, nach Belieben)

Außerdem
1 mittelgroße Zwiebel
Paprikapulver edelsüß zum Bestäuben

Für den Salat Fleischwurst, Schinkenwurst und Essiggurken in feine Streifen schneiden. Die Schwarzwurst in dünne Scheiben schneiden. Alles in eine Schüssel geben.

Für das Dressing Zucker, 1 Prise Salz, Senf, Salatkräuter und 200 ml Wasser in einem Schälchen verrühren. Das Öl unterschlagen und nach Belieben noch etwas Gurkensud unterrühren. Das Dressing über den Salat träufeln und alles gut mischen. Den Salat abgedeckt im Kühlschrank 1 Stunde durchziehen lassen.

Vor dem Servieren den Salat nochmals durchmischen und abschmecken. Die Zwiebel schälen, in dünne Ringe schneiden und auf dem Wurstsalat verteilen. Den Salat mit Paprikapulver bestäubt servieren.

Dazu schmecken frisches Bauernbrot (am besten aus dem Holzofen) und ein Rotwein aus Württemberg, z. B. ein Trollinger mit Lemberger.

Topfbrot

mit Dip »Scharfer Arthur«

Für 1 Brot
Zubereitung 15 Minuten +
1 Stunde Backzeit

Für das Brot
550 g Weizenmehl (Type 550), plus mehr zum Verarbeiten
Salz
2 EL Leinsamen
2 EL Sesam
1 EL getrocknete Kräuter der Provence
½ Würfel frische Hefe (21 g)
1 EL Honig

Für den Dip
2 Eier
50 ml Sonnenblumenöl
1–2 Knoblauchzehen
Salz, frisch gemahlener Pfeffer
1 EL Sambal Oelek

Außerdem
ofenfester Schmortopf mit Deckel von Ø 22 cm

Für das Brot Mehl, 2 TL Salz, Leinsamen, Sesam und Kräuter in einer Schüssel mischen. Hefe und Honig in 330 ml lauwarmem Wasser unter Rühren auflösen. Das Hefewasser zum Mehl gießen. Alles zuerst mit den Knethaken des Handrührgeräts verrühren, dann mit den Händen zu einem glatten Teig verkneten.

Den Schmortopf auf zweiter Schiene von unten in den Backofen stellen und diesen auf 230 °C Ober-/Unterhitze vorheizen. Den Teig auf der bemehlten Arbeitsfläche nochmals kräftig durchkneten und zu einem runden Laib formen. Den Laib in den vorgeheizten Topf setzen, den Deckel auflegen und das Brot zugedeckt 50 Minuten backen. Danach den Deckel abnehmen und das Brot weitere 5–10 Minuten im Ofen bräunen lassen.

Den Topf dann aus dem Ofen nehmen, das Brot vorsichtig herausheben und umdrehen. Zur Garprobe auf den Boden klopfen. Klingt es hohl, ist das Brot durchgebacken. Auf einem Kuchengitter vollständig auskühlen lassen.

Für den Dip die Eier in einem Rührbecher mit dem Stabmixer schaumig aufschlagen. Das Öl zuerst tröpfchenweise, dann in einem dünnen Strahl zugeben, dabei weitermixen, bis eine dicke Emulsion entstanden ist. Den Knoblauch schälen und untermixen. Den Dip mit Salz, Pfeffer und Sambal Oelek würzen. Das Brot in Scheiben schneiden und mit dem Dip servieren.

Das Brot lässt sich mit Kernen, Nüssen, Samen und/oder Kräutern (Thymian, Rosmarin) vielfältig variieren. Statt mit Weizenmehl kann es auch mit Dinkelmehl (Type 630) oder Roggen-Vollkornmehl zubereitet werden.

Datteln im Speckmantel

Für 4 Personen
Zubereitung 5 Minuten +
13 Minuten Backzeit

24 getrocknete Datteln (entsteint)
24 Scheiben Bacon (Frühstücksspeck)
2 TL Zucker
Salz, grob gemahlener Pfeffer

Außerdem
Rosmarin für die Dekoration

Den Backofen auf 200 °C Ober-/Unterhitze vorheizen. Die Datteln jeweils mit 1 Streifen Bacon umwickeln und in eine ofenfeste Form legen.

Die Speckdatteln im vorgeheizten Ofen auf mittlerer Schiene etwa 8 Minuten backen. Dann mit Zucker bestreuen und weitere 5 Minuten backen. Herausnehmen, in vier Schälchen anrichten, salzen und pfeffern. Die Datteln mit Rosmarinzweigen dekorieren und heiß servieren.

Zu den Datteln passt ein sommerlich-frischer Rosé, z. B. ein 2020er Pink des Weinguts Pieper vom Drachenfels am Rhein.

Geröstete Maultaschen

Für 4–6 Personen
Zubereitung 1 Stunde +
1 Stunde Ruhezeit +
10 Minuten Garzeit

Für den Nudelteig
5 Eier
Salz
1 EL Öl
500 g Mehl, plus mehr zum Verarbeiten

Für die Füllung
1 Zwiebel
1 Bund Petersilie
500 g Blattspinat
1 altbackenes Brötchen
300 g Bratwurstbrät
200 g gemischtes Hackfleisch
100 g durchwachsener Speck
5 Eier
Salz, frisch gemahlener Pfeffer
frisch geriebene Muskatnuss

Außerdem
1,5 l Rinderbrühe (gekauft oder selbst gemacht, s. S. 45)
Butterschmalz zum Braten
6 Eier
Kräutersalz

Für den Nudelteig Eier, ½ TL Salz, Öl und 5 EL Wasser verrühren. Das Mehl nach und nach untermischen und alles mit den Händen gut durchkneten. Den Teig halbieren, die Hälften zu Kugeln formen und abgedeckt mindestens 1 Stunde ruhen lassen.

Für die Füllung die Zwiebel schälen. Die Petersilie waschen, trocken schütteln und die Blättchen abzupfen. Den Spinat verlesen, waschen und blanchieren. Das Brötchen grob würfeln. Die vorbereiteten Zutaten zusammen mit Wurstbrät, Hackfleisch und Speck durch den Fleischwolf drehen. Die Eier zugeben und alles gut vermischen. Die Masse mit Salz, Pfeffer und Muskat kräftig würzen und halbieren.

Auf der bemehlten Arbeitsfläche 1 Teigkugel zu einem dünnen Rechteck ausrollen. Die Hälfte der Füllung darauf verteilen, dabei rundum einen Rand lassen. Den Teig dann von der Längsseite her fest aufrollen und die Naht gut andrücken. Mit der zweiten Portion Teig und Füllung wiederholen.

Die Rinderbrühe in einem Topf zum Kochen bringen. Die Rollen im Ganzen oder in Stücke geteilt in die siedende Brühe legen und in etwa 10 Minuten gar ziehen lassen. Herausnehmen und etwas abkühlen lassen.

Die abgekühlten Rollen in daumendicke Scheiben schneiden. Etwas Butterschmalz in einer Pfanne erhitzen und die Scheiben darin von beiden Seiten goldbraun braten. Die Eier verquirlen, darübergießen und stocken lassen.

Die gerösteten Maultaschen auf Tellern anrichten, mit Kräutersalz bestreuen und servieren.

Dazu passen grüner Salat mit Essig-Öl-Vinaigrette und ein gekühlter Rotling aus Württemberg. Rotling ist ein Verschnitt, der aus roten und weißen Trauben gekeltert wird – die Sortenauswahl ist das Geheimnis jeden Winzers.

Die Senfsauce ist keine Sauce im eigentlichen Sinn, eher ein Dip oder fast ein Salat. Sie wird kalt als Beilage gegessen, passt gut zu einer deftigen Brotzeit und eignet sich auch mal als Katerfrühstück ...

Moselländer Senfsauce

Für 4–6 Personen
Zubereitung 20 Minuten +
10 Minuten Garzeit

7 Eier
50 g mittelscharfer Senf
Salz, frisch gemahlener Pfeffer
1 TL Zucker
1 EL Essigessenz
200 g Sahne
2 große Schalotten
3 Essiggurken (aus dem Glas)
½ Bund Schnittlauch

Außerdem
Gartenkresse für die Dekoration

Die Eier in 8–10 Minuten hart kochen, kalt abschrecken und abkühlen lassen. Dann pellen, die Eigelbe herauslösen und die Eiweiße in feine Würfelchen schneiden.

Die Eigelbe mit dem Senf in einem Rührbecher mit dem Stabmixer pürieren. Mit Salz, Pfeffer, Zucker und Essigessenz würzen und cremig rühren. Die Sahne nach und nach unterrühren.

Die Schalotten schälen und mit den Essiggurken fein würfeln. Den Schnittlauch waschen, trocken schütteln und in Röllchen schneiden. Schalotten, Gurken, Schnittlauch und Eiweiße unter die Eigelbcreme rühren. Die Sauce nach Belieben noch senfiger, saurer oder süßer abschmecken. In Portionsschälchen füllen und mit Kresse bestreut servieren.

Die Sauce schmeckt nicht nur fein zur Tafelspitzsülze (s. S. 90), sondern auch zu Fisch und/oder Pellkartoffeln oder einfach auf Brot.

G'Spritzter

Antipasti
mit Honig-Senf-Dip

Für 4 Personen
Zubereitung 20 Minuten +
10 Minuten Backzeit

Für die Antipasti
1 Zucchini
1 Aubergine
1 Karotte
1 Paprikaschote (rot, gelb oder grün)
Salz, frisch gemahlener Pfeffer
Olivenöl
Honig
1 ½ EL fein gehackte Kräuter (z. B. Petersilie, Rosmarin, Thymian, Salbei)
5–6 Champignons
1 Knoblauchzehe

Für den Dip
2 EL Dijonsenf
1 EL fein gehackte Kräuter (z. B. Petersilie, Rosmarin, Thymian, Salbei)
Salz, frisch gemahlener Pfeffer
1 TL Honig
50 ml Olivenöl

Für die Antipasti den Backofen auf 160 °C Ober-/Unterhitze vorheizen, ein Backblech mit Backpapier belegen. Zucchini und Aubergine waschen, putzen und mit einem Sparschäler längs in dünne Scheiben schneiden. Die Karotte schälen und quer in feine Scheiben schneiden. Die Paprika waschen, putzen und in breite Streifen schneiden.

Das Gemüse auf dem Backblech verteilen, mit Salz und Pfeffer würzen und mit Olivenöl bestreichen. Die Karotten zusätzlich mit Honig bestreichen. Alles mit 1 EL Kräutern bestreuen und im vorgeheizten Ofen mit zugeschalteter Grillfunktion 5–10 Minuten backen. Herausnehmen und abkühlen lassen.

Die Champignons putzen und vierteln. Den Knoblauch schälen und hacken. Etwas Olivenöl in einer Pfanne erhitzen und Pilze und Knoblauch darin hellbraun braten. Salzen, pfeffern und mit den verbliebenen Kräutern bestreuen.

Für den Dip den Senf mit Kräutern, Salz, Pfeffer und Honig verrühren. Das Olivenöl tröpfchenweise unterschlagen, bis eine Emulsion entsteht. Den Dip in ein Schälchen füllen.

Das gegrillte Gemüse auf einer Platte anrichten. Den Dip und frisches Topfbrot (s. S. 20) dazu servieren.

Die Antipasti passen gut als Snack zu einem Aperitif wie dem Murre Gin, einem Premium Dry Gin vom Weingut Peter Kriechel, der im Spätburgunder-Fass gereift ist.

Riesling vom Rhein
Weinlese in Steillage

Ein Sonntag Anfang Oktober, leichter Nieselregen fällt. Festes Schuhwerk sollten wir anziehen und wetterfeste Kleidung, das hatte uns der Winzer Kay Thiel am Telefon ans Herz gelegt, als wir uns für die Lese bei ihm anmeldeten. Seine Bio-Weinberge liegen am Ufer des Rheins, vom Drachenfels in Königswinter, das noch in Nordrhein-Westfalen liegt, bis nach Niederdollendorf in Rheinland-Pfalz.

Der Riesling, den wir heute ernten, wächst auf den südlichsten und gleichzeitig steilsten seiner Parzellen. Bis 45° Steigung! Über eine schmale Rampe in der Steinmauer klettern wir in den Weinberg. Der Boden besteht aus rutschigem Schieferschotter. Gelesen wird quer zu den Reihen, so bleibt man auf der gleichen Höhe, während man »seine« Weinstöcke aberntet. Wir machen uns an die Arbeit, schneiden die Trauben, untersuchen sie auf Schimmel, Trockenfäule, unreife Beeren. Jede einzelne wird kontrolliert, bevor sie in den Eimer wandert. Geübte Helfer leeren unsere vollen Eimer in rote Kisten, die sie, randvoll, schließlich zur Straße schleppen. Während ich mich zum nächsten Weinstock bewege, kommt der Boden unter mir ins Rutschen. Ich versuche, festen Stand zu finden, ramme meine Wanderschuhe in das Geröll. An den empfindlichen Weinstöcken dürfen wir uns nicht festhalten, außerdem brauchen wir beide Hände frei. Stehe ich oberhalb des Stocks, muss ich mich bücken, stehe ich unterhalb, arbeite ich auf Kopfhöhe, so steil ist der Hang!

Zur Mittagszeit wird ein großer Schirm aufgespannt. Es gibt Zwiebel- und Apfelkuchen auf die Hand, beides hat die Winzerin selbst gebacken. Ein Genuss nach dem mühseligen Vormittag. Die Helfer sitzen auf Eimern und Mäuerchen und genießen die Sonne, die inzwischen hervorgekommen ist und ein märchenhaftes Glitzern auf den tief unter uns fließenden Rhein zaubert. Ich lasse den Blick schweifen. Was für eine fantastische Aussicht! Ich bin froh, dass wir heute dabei sein dürfen, auch wenn ich ahne, dass uns morgen ein heftiger Muskelkater plagen wird …

Zweierlei Zwiebelkuchen
halb Speck, halb Käse-Kümmel

Für 1 Blech
Zubereitung 30 Minuten +
45 Minuten Kühlzeit +
40 Minuten Backzeit

Für den Teig
250 g Weizenmehl (Type 405), plus mehr zum Verarbeiten
1 Eigelb
Salz
120 g Butter
75 ml Eiswasser

Für den Belag
1 kg Zwiebeln
3 Knoblauchzehen
2 EL Öl
1 gehäufter EL Mehl
200 g Speckwürfel
200 g geriebener Käse (z. B. Bergkäse)
1 TL Kümmelsamen

Für den Guss
300 g saure Sahne
2 TL scharfer Senf (z. B. Dijonsenf)
3 Eier
1 Eigelb
Salz, frisch gemahlener Pfeffer
gerebelter Majoran
frisch geriebene Muskatnuss

Für den Teig das Mehl in eine Schüssel geben und eine Mulde in die Mitte drücken. Eigelb und ½ TL Salz hineingeben, die Butter in Flöckchen auf dem Rand verteilen. Alles mit den Knethaken des Handrührgeräts zu einem glatten Teig verkneten. Dabei das Eiswasser nach und nach zugießen. Den Teig zu einer Kugel formen und abgedeckt im Kühlschrank 45 Minuten ruhen lassen.

Für den Belag Zwiebeln und Knoblauch schälen. Die Zwiebeln würfeln oder in feine Ringe schneiden, den Knoblauch fein hacken. Das Öl in einer großen Pfanne erhitzen und die Zwiebeln darin bei schwacher Hitze in etwa 10 Minuten goldgelb und glasig anschwitzen (nicht bräunen). Den Knoblauch unterheben und kurz mitdünsten. Die Zwiebelmischung mit Mehl bestäuben und gut durchrühren. In einer zweiten Pfanne den Speck ohne Fett knusprig ausbraten.

Für den Guss saure Sahne, Senf, Eier, Eigelb, Salz, Pfeffer, Majoran und Muskat verquirlen. Zur Zwiebelmischung geben.

Den Backofen auf 200 °C Ober-/Unterhitze vorheizen, ein Backblech mit Backpapier belegen. Den Teig auf der bemehlten Arbeitsfläche etwas größer als das Blech ausrollen. Vorsichtig auf das Backblech legen und dabei einen kleinen Rand hochziehen. Den Boden mit einer Gabel mehrmals einstechen.

Die Hälfte der Zwiebelmischung zum Speck in die Pfanne geben und gut unterrühren. Unter die übrige Zwiebelmischung Käse und Kümmel rühren.

Die beiden Mischungen auf je einer Hälfte des Teigs verteilen. Den Zwiebelkuchen im vorgeheizten Ofen auf zweiter Schiene von oben etwa 40 Minuten backen. Herausnehmen, in Stücke schneiden und warm oder kalt servieren.

Traditionell trinkt man zu Zwiebelkuchen Federweißen, auch Bitzler, Rauscher oder Sauser genannt.

Spundekäs stammt ursprünglich aus Rheinhessen, aber man findet ihn jetzt auch auf den Karten vieler Straußen- und Besenwirtschaften in Baden und der Pfalz. Er wird aus Frischkäse zubereitet und erhält seine typische Farbe durch süßes Paprikapulver.

Spundekäs

Für 4–6 Personen
Zubereitung 10 Minuten

125 g weiche Butter
250 g Margarine
700 g Frischkäse
Salz
Paprikapulver edelsüß

Außerdem
2 Zwiebeln
Tomatenscheiben, Essiggurken und Petersilienblättchen für die Dekoration

Butter und Margarine in eine Schüssel geben und mit den Quirlen des Handrührgeräts so lange verrühren, bis die Masse weiß-schaumig ist.

Den Frischkäse unterrühren. Die Creme mit Salz und Paprikapulver mild würzen und so lange weiterrühren, bis sie gleichmäßig eingefärbt ist. Den Spundekäs dann in Portionsschälchen füllen und diese auf Teller stellen.

Die Zwiebeln schälen und fein würfeln. Zwiebelwürfel, Tomatenscheiben und Essiggurken auf den Tellern neben dem Spundekäs anrichten. Mit Petersilie bestreut servieren. Dazu Baguette, Salzbrezelchen oder eine Laugenbrezel reichen.

Kalte und warme Suppen

Gazpacho
von Trauben und Gurke

Für 4 Personen
Zubereitung 30 Minuten +
2 Stunden Kühlzeit

100 g altbackenes Weißbrot
100 ml warme Gemüsebrühe
1 große Salatgurke
250 g kernlose weiße Trauben
150 g Joghurt
150 g Sahne
100 g Mandelblättchen
60 ml Olivenöl
Weißweinessig
Salz, frisch gemahlener Pfeffer

Außerdem
essbare Blüten (Gewürztagetes oder Kapuzinerkresse) für die Dekoration

Für die Gazpacho das Brot klein schneiden und in einen Mixer geben. Mit der Gemüsebrühe übergießen und 15 Minuten quellen lassen.

Von der Gurke ein kleines Stück abschneiden und für die Dekoration beiseitelegen, den Rest schälen und würfeln. Die Trauben waschen und von den Rispen streifen. Einige Trauben für die Dekoration beiseitelegen, die restlichen mit den Gurkenwürfeln zum Brot in den Mixer geben. Joghurt, Sahne, 80 g Mandelblättchen und 50 ml Olivenöl zufügen und alles fein mixen. Die Gazpacho mit Essig, Salz und Pfeffer würzen und mindestens 2 Stunden in den Kühlschrank stellen.

Das verbliebene Gurkenstück waschen, längs vierteln und in dünne Scheiben schneiden. Die übrigen Trauben halbieren und mit übrigem Öl (1 EL), Salz und Pfeffer mischen. Die restlichen Mandelblättchen (20 g) in einer kleinen Pfanne ohne Fett goldbraun rösten. Gurkenscheiben, Traubenhälften und geröstete Mandeln mischen.

Die Gazpacho nochmals aufmixen und auf vier vorgekühlte Schalen verteilen. Den Gurken-Trauben-Mandel-Mix darauf verteilen und die Gazpacho mit Blüten dekoriert servieren.

Dazu passt ein kühler Grauer Burgunder, zum Beispiel der Zellertaler Grauer Burgunder 2019 vom Weingut Bremer in der Pfalz.

Kalte Gurkensuppe

mit Kresse

Für 4 Personen
Zubereitung 30 Minuten +
2 Stunden Kühlzeit

2 Salatgurken
TL Salz
½ TL Zucker
750 g Joghurt
250 g Sahne
30 g frisch gehackte Minze
Zitronensaft
frisch gemahlener Pfeffer

Außerdem
rote und grüne Gartenkresse für die Dekoration

Die Gurken schälen und in Scheiben schneiden. In einem Rührbecher mit ½ TL Salz und Zucker bestreuen, dann 15 Minuten beiseitestellen und Saft ziehen lassen.

Joghurt, Sahne und Minze zu den Gurken geben. Alles mit dem Stabmixer pürieren, bis die Suppe eine schöne hellgrüne Farbe hat. Die Suppe mit Zitronensaft, Salz und Pfeffer würzen und vor dem Servieren etwa 2 Stunden kalt stellen.

Die Gurkensuppe in vier vorgekühlten Gläsern oder Schalen anrichten. Mit Gartenkresse dekorieren und servieren.

Für dieses Gericht wird ein großer Topf Rindfleischsuppe gekocht, der natürlich für mehr als vier Personen reicht. Da die Zubereitung aber etwas langwierig ist, kocht man die Suppe einfach auf Vorrat und friert sie dann portionsweise ein.

Klare Rindfleischsuppe

mit Leberknödel

Für 4 Personen
Zubereitung 30 Minuten +
4 Stunden Garzeit +
1 Stunde Kühlzeit

Für die Suppe
1 kg Suppenfleisch vom Rind
1 kg Suppenknochen vom Rind
1 Bund Suppengrün
1 Zwiebel
3–5 Wacholderbeeren
3–5 Pfefferkörner
3–5 Pimentkörner
3 Lorbeerblätter
Salz

Für die Leberknödel
100 g Kalbs- oder Schweineleber
1 Schalotte
1 TL Öl
1 EL fein gehackte Petersilie
1 Scheibe Toastbrot
1 Ei
4 EL Mehl
Salz, frisch gemahlener Pfeffer
frisch geriebene Muskatnuss

Außerdem
gehackte Petersilie zum Bestreuen

Für die Suppe Fleisch und Knochen kalt abspülen, mit kochendem Wasser überbrühen und abgießen. Suppengrün waschen, putzen und grob zerkleinern. Zwiebel ungeschält halbieren.

Einen großen Topf (5 l Inhalt) erhitzen und die Zwiebel darin auf den Schnittflächen kräftig anrösten. Fleisch, Knochen, Suppengrün und Gewürze zugeben und Wasser zugießen, bis alles bedeckt ist. Aufkochen und zugedeckt 3–4 Stunden leicht köcheln lassen. Dabei aufsteigenden Schaum immer wieder abschöpfen.

Die fertige Suppe zuerst durch ein Sieb, dann durch ein sauberes Geschirrtuch abgießen. Ausgekochtes Gemüse und Knochen entsorgen, das Fleisch anderweitig verwenden. 1 l Suppe zum Servieren abnehmen, die restliche Brühe anderweitig verwenden oder abkühlen lassen und portionsweise tiefkühlen.

Für die Knödel die Leber waschen, trocken tupfen und durch den Fleischwolf drehen. Die Schalotte schälen und fein hacken. Das Öl in einer kleinen Pfanne erhitzen, Schalotte und Petersilie darin andünsten. Das Toastbrot in warmem Wasser einweichen und gut ausdrücken. Leber, Schalotten-Petersilien-Mix, Toastbrot, Ei, Mehl, Salz, Pfeffer und Muskat zu einem Knödelteig vermischen und zugedeckt 1 Stunde kühlen.

Danach aus der Masse 4 Knödel formen und in siedendem Salzwasser in 10 Minuten gar ziehen lassen. Die Leberknödel in vier Suppentassen anrichten, mit der heißen Suppe übergießen und mit Petersilie bestreut servieren.

Das herrlich nussig-aromatische steirische Kürbiskernöl wird vor allem aus den Samen des steirischen Ölkürbis gewonnen. Für 1 l Öl benötigt man ungefähr 35 Kürbisse! Die intensive, schillernde Farbe entsteht durch die Röstung der Kerne.

Kürbiscremesuppe
mit steirischem Kürbiskernöl

Für 4 Personen
Zubereitung 25 Minuten +
15 Minuten Garzeit

1 kg Muskatkürbis
1 Zwiebel
2 Knoblauchzehen
Öl zum Braten
100 g Crème fraîche
Salz, frisch gemahlener Pfeffer
frisch geriebene Muskatnuss

Außerdem
geröstete Kürbiskerne und steirisches Kürbiskernöl für die Dekoration

Den Kürbis in Spalten schneiden, Kerne und Fasern mit einem Löffel herausschaben. Die Spalten mit einem scharfen Messer schälen und das Kürbisfruchtfleisch in Würfel schneiden.

Zwiebel und Knoblauch schälen und fein hacken. Etwas Öl in einem Topf erhitzen, Kürbiswürfel, Zwiebel und Knoblauch darin anschwitzen. Mit 400 ml Wasser ablöschen und zugedeckt 15 Minuten kochen lassen, bis der Kürbis weich ist.

Die Crème fraîche einrühren und die Suppe mit Salz, Pfeffer und Muskat würzen. Nochmals kurz aufkochen lassen, dann in vier Suppentassen oder -tellern anrichten. Die Suppe mit Kürbiskernen bestreut und mit Kürbiskernöl beträufelt servieren. Dazu passt frisches Weißbrot.

Mayer's
Heurigen
BUFFET

Ein Wiener Heuriger
Mayer am Pfarrplatz

Einen Wiener Heurigen wollten wir besuchen, einen alten, einen typischen. Und sind fündig geworden! Das Weingut Mayer im Wiener Vorort Heilgenstadt wurde 1683 erstmals erwähnt. Im historischen Bau des Heurigen am Pfarrplatz nahm Ludwig van Beethoven 1702 eine Wohnung, weil er hoffte, in dem kleinen Kurort Linderung für sein Ohrenleiden zu finden.

Wo einst Beethoven eine Wohnung hatte.

Seitdem hat sich der Bau nicht wesentlich verändert. Die zwei Giebel mit einem Rundbogen dazwischen wirken von der Straßenseite recht nüchtern auf uns. Aber sobald wir durch das Tor treten, sind wir in einer anderen Welt: ein sonnengelb getünchter Innhof, üppige Weinreben über uns. Menschen sitzen plaudernd beim Wein, Herren in Lederhosen laufen geschäftig hin und her. Hier gibt es die Gerichte, die man bei einem Heurigen erwartet: Backhendl, Schweinsbraten, Leberknödelsuppe. Manchen Gästen sieht man an, dass sie regelmäßig kommen, vielleicht seit Jahrzehnten? Ein älterer Herr lässt sich mit seinem Pudel an einem Tisch nieder, offensichtlich sein Stammplatz, wird von allen freundlich begrüßt, bestellt nichts, bekommt aber gleich seinen »G'spritztn« (Weißwein mit Wasser) und einen Liptauer mit Brot hingestellt. Er wirkt hier ganz zu Hause.

Nach unserem Fototermin besuchen wir auch den Nussberg, wo die Weingärten vom Mayer liegen, in fußläufiger Entfernung vom Pfarrplatz. Und plötzlich stehen wir nicht mehr zwischen Häusern, sondern zwischen Rebstöcken und haben einen fantastischen Blick über Wien. Wie nah hier Stadt und Land beieinanderliegen!

Ein Traditionsgericht! Die Rezepte dafür unterscheiden sich je nach Region leicht und werden in Winzerfamilien oft von Generation zu Generation weitergegeben. Die Riesling-Cremesuppe ist der perfekte Auftakt zu einem Menü.

Riesling-Cremesuppe
nach Tante Anna

Für 4–6 Personen
Zubereitung 20 Minuten + 30 Minuten Garzeit

400 g mehligkochende Kartoffeln
Salz
1 Karotte
130 g Lauch
2 Zwiebeln
2 EL Butter
2 EL Mehl
500 ml warme Gemüsebrühe
100 g Crème fraîche
100 g Sahne
100 g Sahne-Schmelzkäse
frisch gemahlener Pfeffer
frisch geriebene Muskatnuss
2 EL Schnittlauchröllchen
200 ml trockener Riesling

Außerdem
Gartenkresse für die Dekoration

Die Kartoffeln mit Schale in kochendem Salzwasser 20 Minuten garen. Danach abgießen, kalt abschrecken, pellen und durch die Kartoffelpresse drücken.

Die Karotte schälen und würfeln. Den Lauch putzen, waschen und klein schneiden. Die Zwiebeln schälen und hacken. Die Butter in einer Pfanne erhitzen, Karotte, Lauch und Zwiebeln darin anschwitzen. Mit 300 ml Wasser ablöschen und 10 Minuten köcheln lassen.

Das Mehl mit etwas Gemüsebrühe glatt rühren, die übrige Brühe in einem Topf zum Kochen bringen. Die Mehlmischung einrühren, durchgepresste Kartoffeln, Karotten-Lauch-Zwiebel-Mischung, Crème fraîche und Sahne zugeben. Alles einmal aufkochen lassen, dann den Schmelzkäse einrühren. Die Suppe mit Salz, Pfeffer und Muskat würzen. Zuletzt Schnittlauchröllchen und Riesling unterrühren.

Die Suppe in vier Suppentellern anrichten und mit Kresse dekoriert servieren. Dazu schmeckt frisches Baguette.

Zur Suppe passt ein trockener Riesling – am besten derselbe, der zum Kochen verwendet wurde.

Der Winzer Christos Theodoropoulos hat die Sommerferien oft bei seiner Großmutter in Griechenland verbracht und dort im Weinberg geholfen. Mittags stärkte er sich dann mit dieser Suppe, die seine Tante Aphrodite gerne für ihn kochte.

Linsensuppe
nach Tante Aphrodite

Für 4 Personen
Zubereitung 10 Minuten +
30 Minuten Garzeit

1 Zwiebel
Olivenöl zum Braten
Salz, frisch gemahlener Pfeffer
1 TL getrockneter Thymian
½ TL Paprikapulver ungarisch scharf
250 g Belugalinsen
1 EL Tomatenmark
200 g stückige Tomaten (aus der Dose)
250 ml Rotwein
1 getrocknete Chilischote
1 Lorbeerblatt

Außerdem
200 g Feta
natives Olivenöl extra zum Beträufeln
Balsamico-Essig zum Beträufeln
Oregano (frisch oder getrocknet) zum Bestreuen
Thymian- und Rosmarinzweige für die Dekoration

Die Zwiebel schälen und würfeln. Etwas Olivenöl in einem Topf erhitzen, 1 TL Salz, ½ TL Pfeffer, Thymian und Paprikapulver darin anrösten. Die Zwiebelwürfel zugeben und glasig anschwitzen.

Linsen, Tomatenmark und Tomatenstücke zufügen und kurz mit anschwitzen. Mit dem Rotwein ablöschen, Chilischote und Lorbeerblatt zufügen. Die Suppe dann bei schwacher Hitze etwa 30 Minuten sanft köcheln lassen, bis die Linsen weich, aber noch bissfest sind. Dabei gelegentlich Wasser zugießen, wenn die Suppe zu stark eindickt.

Den Feta in Stücke schneiden. Die Linsensuppe auf vier Schalen verteilen und jeweils 1–2 Stücke Feta darauflegen. Mit Olivenöl und einem Spritzer Balsamico beträufeln und mit etwas Oregano bestreuen. Mit Thymian und Rosmarin dekoriert servieren. Dazu Baguette reichen.

Zur Linsensuppe passt ein kühler Riesling, z. B. ein 2018er Riesling trocken aus dem Engehöller Bernstein.

Das Ehepaar Schuh kaufte kurz nach der Wende ein historisches Weingut bei Meißen, renovierte es und ließ sich im Jahr 1995 ganz in Sachsen nieder. Seitdem bauen die beiden unter anderem Goldriesling an, eine Rebsorte, die es nur in Sachsen gibt.

Käsesuppe

Weingut Schuh

Für 4 Personen
Zubereitung 15 Minuten + 15 Minuten Garzeit

1 Karotte
½ Lauchstange
50 g Butter
1 TL Mehl
100 ml Weißwein
100 ml Geflügelfond
1 Lorbeerblatt
150 g Sahne
150 g Sahne-Schmelzkäse
Salz, frisch gemahlener Pfeffer
frisch geriebene Muskatnuss

Außerdem
Schnittlauchröllchen für die Dekoration

Die Karotte schälen und in fein würfeln. Den Lauch putzen, waschen und in feine Ringe schneiden.

Die Butter in einem Topf erhitzen, Karotte und Lauch darin glasig anschwitzen. Das Gemüse mit Mehl bestäuben, mit Weißwein ablöschen und diesen um die Hälfte einkochen lassen.

Geflügelfond und Lorbeerblatt zugeben und die Suppe 15 Minuten köcheln lassen. Danach Sahne und Schmelzkäse einrühren, bis der Käse geschmolzen ist.

Die Suppe mit Salz, Pfeffer und Muskat abschmecken. In vier Suppentassen oder -tellern anrichten und mit Schnittlauchröllchen bestreut servieren. Dazu schmecken Weißbrot und ein Müller-Thurgau vom Bereich Meißen.

Rote Bete, rote Zwiebeln und Rotwein: Die Suppe ist nicht nur lecker, sie sieht auch umwerfend aus! Geschmacklich erinnert sie an Borschtsch und wird auch wie dieser mit saurer Sahne und Dill serviert.

Rote-Bete-Zwiebel-Suppe
mit saurer Sahne

Für 4 Personen
Zubereitung 10 Minuten + 30 Minuten Garzeit

500 g rote Zwiebeln
50 g Butter
1 EL brauner Zucker
600 g gegarte Rote Bete
300 ml Rotwein (z. B. Spätburgunder)
500 ml Gemüsebrühe
1 TL Mehl
Salz, frisch gemahlener Pfeffer
1 Prise Chilipulver (oder Cayennepfeffer)

Außerdem
saure Sahne und gehackter Dill für die Dekoration

Die Zwiebeln schälen, längs halbieren und quer in feine Ringe schneiden. Die Butter in einem weiten Topf erhitzen und die Zwiebeln darin bei schwacher Hitze etwa 15 Minuten andünsten, bis sie ganz weich, aber nicht braun sind. Dann mit dem Zucker bestreuen und weitere 5 Minuten garen.

Die Hälfte der Roten Beten fein würfeln. Die andere Hälfte mit Rotwein und Gemüsebrühe im Mixer pürieren.

Die Zwiebeln mit Mehl bestäuben und unter Rühren mit dem Rotweinmix ablöschen. Die Suppe mit Salz, Pfeffer und Chilipulver würzen und 10 Minuten köcheln lassen. Kurz vor Ende der Garzeit die Rote-Bete-Würfel zugeben und in der Suppe erwärmen. (Nicht kochen lassen, sonst verliert die Rote Bete ihre intensiv rote Farbe.)

Die Suppe auf vier Suppenteller verteilen. Jeweils einen Klecks saure Sahne daraufsetzen und mit Dill bestreut servieren. Dazu noch frisches Weißbrot reichen.

Zu dieser aromatischen Suppe passt ein Spätburgunder aus der Pfalz.

Vegetarische Gerichte

Für das Event »Grillen, chillen, Weine killen« stellen Christos und Kristina Theodoropoulos Biertischgarnituren rund um das Weingut Lithos auf, schüren die Glut eines großen Grills und servieren den Gästen Burger und Wein, bis die Nacht hereinbricht.

Veggie-Burger

Für 4 Personen
Zubereitung 30 Minuten

Für die Guacamole
2 reife Avocados
1 Spritzer Zitronensaft
2 reife Tomaten
Salz, frisch gemahlener Pfeffer

Für die Burger
1 rote Paprikaschote
1–2 Zucchini
1 Bund Rucola
2 Tomaten
4 Burgerbrötchen mit Sesam (am besten beim Bäcker bestellen)
4 EL Mayonnaise
4 Scheiben Käse
Salz, frisch gemahlener Pfeffer

Außerdem
Grill (Holzkohle, Gas oder Elektro)
4 Holz- oder Bambusspieße (nach Belieben)

Für die Guacamole die Avocados halbieren und entsteinen. Das Fruchtfleisch aus der Schale heben und in eine Schüssel geben. Mit Zitronensaft beträufeln und mit einer Gabel fein zerdrücken. Die Tomaten waschen und fein würfeln, dabei den Stielansatz entfernen. Die Tomatenwürfel mit der Gabel unterrühren und die Guacamole mit Salz und Pfeffer würzen.

Für die Burger den Grill anheizen. Die Paprika waschen, putzen und in 2 cm breite Streifen schneiden. Die Zucchini putzen, waschen und längs in Scheiben schneiden. Das Gemüse auf dem heißen Grill braten, bis es weich ist. Den Rucola waschen und trocken schütteln. Die Tomaten waschen, den Stielansatz entfernen und die Früchte in Scheiben schneiden.

Die Burgerbrötchen waagerecht halbieren und die Schnittflächen auf dem Grill anrösten. Dann die Böden mit Mayonnaise, die Deckel auf der Schnittfläche mit Guacamole bestreichen. Rucola und gegrilltes Gemüse auf den Böden verteilen. Jeweils 1 Käse- und 2 Tomatenscheiben daraufschichten, die Deckel auflegen und leicht andrücken. Die Burger nach Belieben mit je 1 Holzspieß fixieren, auf vier Tellern anrichten und servieren.

Mangoldquiche
mit Kirschtomaten

Für 1 Tarteform von Ø 28 cm
Zubereitung 30 Minuten +
30 Minuten Kühlzeit +
45 Minuten Backzeit

Für den Teig
200 g Weizenmehl (Type 405), plus mehr zum Verarbeiten
100 g kalte Butter, plus mehr für die Form
3 EL Eiswasser
Salz
getrocknete Hülsenfrüchte zum Blindbacken

Für den Belag
750 g Mangold
1 Zwiebel
1 Knoblauchzehe
Olivenöl zum Braten
Salz, frisch gemahlener Pfeffer
frisch geriebene Muskatnuss
½ TL Zucker
12 Kirschtomaten
250 g Crème fraîche
4 Eier
1 EL gehackter Estragon

Für den Teig das Mehl in eine Schüssel geben, die Butter in Flöckchen darauf verteilen. Beides mit zwei Messern so lange hacken, bis eine sandähnliche Konsistenz entsteht. Eiswasser und 1 Prise Salz zugeben und alles zügig zu einem glatten Teig verkneten. Den Teig zu einer Kugel formen und abgedeckt 30 Minuten kühlen.

Den Backofen auf 180 °C vorheizen, die Tarteform mit Backpapier auslegen. Den Teig auf der bemehlten Arbeitsfläche ausrollen und in die Form legen, dabei einen Rand hochziehen. Den Boden mit einer Gabel mehrfach einstechen, mit Backpapier belegen und mit Hülsenfrüchten beschweren. Den Boden im vorgeheizten Ofen auf zweiter Schiene von oben 15 Minuten blindbacken. Danach Backpapier und Hülsenfrüchte entfernen.

Für den Belag den Mangold waschen und die Blätter von den Stielen trennen. Die Stiele in Stücke, die Blätter in Streifen schneiden. Zwiebel und Knoblauch schälen und würfeln.

Olivenöl in einer großen Deckelpfanne erhitzen. Zwiebel, Knoblauch und Mangoldstiele darin bei mittlerer Hitze 10 Minuten braten. Dann die Mangoldblätter zugeben und zugedeckt zusammenfallen lassen. Das Mangoldgemüse mit Salz, Pfeffer, Muskat und Zucker würzen, durchrühren und abkühlen lassen. Die Tomaten waschen und halbieren.

Crème fraîche, Eier, Estragon Salz und Pfeffer verquirlen. Das Mangoldgemüse unterühren. Die Mischung auf dem vorgebackenen Boden verteilen und die Tomaten daraufsetzen. Die Quiche im vorgeheizten Ofen in 25–30 Minuten fertig backen. Aus dem Ofen nehmen, in 8 Stücke schneiden und heiß, lauwarm oder kalt servieren.

Zur Quiche passt ein Ahr Rivaner trocken, z. B. vom Winzerhof Körtgen in Ahrweiler.

700 Jahre Moselwein
Der Springiersbacher Hof

Der Springiersbacher Hof in Ediger-Eller atmet Geschichte, das merken wir gleich, als wir auf das wappenverzierte Tor zugehen. Seine Ursprünge liegen im 13. Jahrhundert: Mönche hatten das Gut gegründet, in dem seit mehr als 700 Jahren Wein hergestellt wird.

Schon die Römer bauten hier vermutlich Wein an.

Seit über 230 Jahren ist das Gut nun schon im Besitz der Familie von Gabriele Borchert, die uns mit einem herzlichen Lächeln empfängt. Sie und ihr Mann stellen Wein und Spirituosen her, vermieten Ferienwohnungen und betreiben ein Café und Restaurant. Gut vernetzt und bestens informiert gibt uns Frau Borchert wertvolle Tipps zu Adressen in den verschiedenen Weinregionen Deutschlands.

Während wir die Eifeler Spezialitäten fotografieren, die sie für uns vorbereitet hat, erzählt sie von den Herausforderungen des Weinbaus in Steillagen, wo jede Arbeit ohne Hilfe von Maschinen von Hand erledigt werden muss, und von den berühmten roten Weinbergpfirsichen, typisch an der Mosel. Die kleinen, tiefroten, aromatischen Früchte verarbeitet sie zu Chutney und Konfitüre. Die Rezepte dazu sind Familiengeheimnis! Ihr Mann, der gerne mit verschiedenen Obstsorten experimentiert, stellt Likör und Obstbrand daraus her, aber nicht nur aus Pfirsichen: Er verarbeitet auch Holunder, Hagebutten, Vogelbeeren und Elsbeeren, fertigt Whiskey und Gin in seiner Brennerei.

Den Abschluss des Tages bildet für uns ein Ausflug auf den Calmont, einen Höhenzug mit Blick auf die berühmte Moselschleife von Bremm. Den wussten offenbar schon die Römer zu schätzen, die hier einen Bergheiligtum bauten.

Vom Klettersteig Calmont aus gesehen hat man den besten Blick über die Moselschleife bei Bremm.

Kartoffelkuchen
mit rotem Traubengelee

Für 1 Springform von Ø 26 cm
Zubereitung 20 Minuten +
1 Stunde Ruhezeit +
20 Minuten Garzeit +
1 Stunde Backzeit

Für den Teig
250 g Weizenmehl (Type 550)
¼ Würfel frische Hefe (10 g)
250 ml lauwarme Milch
60 g weiche Butter (oder Margarine), plus mehr für die Form
Salz

Für den Belag
750 g mehligkochende Kartoffeln
250 g Quark (10 % Fett)
250 g saure Sahne
60 g Butter (oder Margarine), geschmolzen
3 Eigelb
Salz, frisch gemahlener Pfeffer
frisch geriebene Muskatnuss
4 Eiweiß

Für den Guss
1 Eigelb
100 g Sahne
Salz

Für das Traubengelee
750 ml dunkelroter Traubensaft (gekauft oder selbst gemacht, z. B. von Dornfelder Trauben)
500 g Gelierzucker 2 : 1

Für den Teig das Mehl in eine Schüssel geben und eine Mulde in die Mitte drücken. Die Hefe in der Milch auflösen und in die Mulde gießen. Die Butter in Flöckchen und 1 Prise Salz auf dem Rand verteilen. Alles zu einem glatten Teig verkneten und diesen abgedeckt an einem zugfreien Ort 1 Stunde gehen lassen.

Für den Belag die Kartoffeln waschen und mit Schale in Wasser in 20 Minuten gar kochen. Dann abgießen, etwas abkühlen lassen, pellen und durch eine Presse drücken oder stampfen. Die Kartoffelmasse mit Quark, saurer Sahne, Butter und Eigelben verrühren. Mit 1 TL Salz, Pfeffer und Muskat würzen. Die Eiweiße steif schlagen und unterheben.

Den Backofen auf 200 °C Ober-/Unterhitze vorheizen, die Springform mit Butter einfetten. Den Teig darin zu einem Boden flach drücken und dabei einen Rand hochziehen. Die Kartoffelmasse auf dem Boden verteilen und glatt streichen.

Für den Guss Eigelb, Sahne und 1 Prise Salz verquirlen und über die Kartoffelmasse gießen. Den Kuchen im vorgeheizten Ofen auf zweiter Schiene von unten 1 Stunde backen.

Für das Traubengelee Saft und Gelierzucker in einem großen Topf verrühren. Aufkochen und unter ständigem Rühren 5 Minuten sprudelnd kochen lassen. Sobald der Saft geliert, in sterilisierte Schraubgläser füllen, verschließen und 5 Minuten auf den Kopf stellen. Die Gläser dann wieder umdrehen und auskühlen lassen. Den Kuchen in Stücke schneiden und mit dem Traubengelee servieren. Das übrige Gelee hält sich etwa 1 Jahr.

Familie Volz von der Besenwirtschaft »Weinlaube im Brückle« empfiehlt zum Kartoffelkuchen einen Federweißen oder, wie man im Schwäbischen sagt, einen Neuen Wein. Am besten ist dieser, wenn er schon ein wenig »bitzelt«, also schon anfängt zu gären!

Seelentröster-Bowl

mit Avocado-Schmand-Dip

Für 4 Personen
Zubereitung 25 Minuten +
12 Stunden Quellzeit +
1 Stunde Garzeit

Für die Bowl
100 g getrocknete Kichererbsen
Salz
je 100 g gelbe und rote Karotten
100 g Blumenkohl
100 g Romanesco
100 g Lauch (weißer Teil)
1 kleine rote Zwiebel
100 g Zuckerschoten
je 100 g gelbe und grüne Zucchini
100 g Kirschtomaten
frisch gemahlener Pfeffer
3 EL Olivenöl
50 g Butter
30 ml Ahornsirup

Für den Dip
1 reife Avocado
250 g Schmand
1–2 EL Zitronensaft
Salz, frisch gemahlener Pfeffer
1 Prise Zucker

Für die Toppings
100 g bunter Blattsalat
2 Radieschen, in Scheiben
Kartoffelchips (s. S. 126)
4 Peperoni (aus dem Glas)

Für die Bowl am Vortag die Kichererbsen in reichlich kaltes Wasser legen und über Nacht quellen lassen. Am nächsten Tag in ein Sieb abgießen, abspülen und in frischem Salzwasser in etwa 1 Stunde garen. Abgießen und abtropfen lassen.

Inzwischen die Karotten schälen und in Scheiben schneiden. In kochendem Salzwasser in einigen Minuten bissfest garen. Mit einem Schaumlöffel herausheben und beiseitestellen. Blumenkohl und Romanesco waschen, putzen und in kleine Röschen teilen. Diese ebenfalls kurz in Salzwasser bissfest garen und beiseitestellen. Lauch waschen, putzen und in 1 cm dicke Scheiben schneiden. Zwiebel schälen und grob würfeln. Beides ebenfalls in kochendem Salzwasser bissfest blanchieren. Zuletzt die Zuckerschoten waschen, putzen und bissfest blanchieren. Die Zucchini waschen, putzen und in gleichmäßige Scheiben schneiden. Die Tomaten waschen.

Den Backofen auf 180 °C Ober-/Unterhitze vorheizen, ein Backblech mit Backpapier belegen. Gemüse und Tomaten in eine große Schüssel geben, mit Salz und Pfeffer würzen. Olivenöl und die Butter in Flöckchen zugeben und alles mischen. Das Gemüse auf dem Backblech verteilen und im vorgeheizten Ofen auf mittlerer Schiene 15 Minuten backen.

Für den Dip die Avocado halbieren, entsteinen und das Fruchtfleisch aus der Schale heben. Mit Schmand, Zitronensaft, Salz, Pfeffer und Zucker im Mixer cremig pürieren.

Das Gemüse aus dem Ofen nehmen, mit dem Ahornsirup beträufeln und nochmals durchmischen.

Die Kichererbsen auf vier Schalen verteilen und das warme Gemüse darauf anrichten. Jede Bowl mit Blattsalat, Radieschenscheiben, Kartoffelchips und 1 Peperoni toppen und servieren.

Kürbisrisotto

Für 4 Personen
Zubereitung 15 Minuten +
20 Minuten Garzeit

500 g Hokkaido-Kürbis
2 Schalotten
½ Knoblauchzehe
2 EL Olivenöl
150 g Risottoreis
300 ml Geflügelfond
50 ml Weißwein
50 g Butter
50 g frisch geriebener Parmesan
Salz, frisch gemahlener Pfeffer

Außerdem
geröstete Kürbiskerne und
Kürbiskernöl für die Dekoration

Den Kürbis mit einem Sparschäler schälen und in Spalten schneiden. Kerne und Fasern mit einem Löffel herausschaben. Das Kürbisfruchtfleisch würfeln. Schalotten und Knoblauch schälen und fein hacken.

Den Backofen auf 120 °C Ober-/Unterhitze vorheizen. Das Olivenöl in einer ofenfesten Deckelpfanne erhitzen. Kürbis, Schalotten und Knoblauch darin andünsten. Den Reis zugeben und unter Rühren glasig werden lassen. Mit Geflügelfond und Weißwein ablöschen und einmal aufkochen lassen. Dann den Deckel auflegen und den Risotto im vorgeheizten Ofen auf mittlerer Schiene in 15–20 Minuten gar ziehen lassen.

Herausnehmen, Butter und Parmesan unterrühren und den Risotto damit binden. Den Risotto mit Salz und Pfeffer abschmecken und auf vier Tellern anrichten. Mit gerösteten Kürbiskernen bestreuen, mit etwas Kürbiskernöl beträufeln und servieren.

Für noch mehr Kürbisgeschmack kann ein Teil des Fonds durch Kürbissuppe ersetzt werden. Zum Risotto empfiehlt Martina Schuh vom Weingut Schuh in Sachsen einen Weißen Burgunder vom »Meißner Klausenberg«.

Sommersalat
mit karamellisiertem Ziegenkäse und Feigen

Für 4 Personen
Zubereitung 30 Minuten

Für den Salat
300 g Blattsalat
80 g Haselnusskerne und Mandeln (gemischt)
4 blaue Feigen
80 g kernlose Trauben
100 g Beeren (z. B. Himbeeren, Johannisbeeren)
2 Schälchen bunte Gartenkresse
400 g Ziegenkäserolle
4 TL brauner Zucker

Für das Dressing
1 Bund Petersilie (oder Schnittlauch)
100 g Joghurt
2 EL Rapsöl
1 EL Essig (z. B. Kräuteressig)
1 TL Zucker
Salz, frisch gemahlener Pfeffer

Für den Salat den Blattsalat waschen, trocken schleudern und in mundgerechte Stücke zerpflücken. Haselnüsse und Mandeln grob hacken. Feigen, Trauben und Beeren waschen und trocken tupfen. Die Feigen vierteln, die Trauben von den Rispen zupfen und halbieren.

Die Ziegenkäserolle in dicke Scheiben schneiden. Den Zucker in einer Pfanne karamellisieren lassen und die Käsescheiben darin wenden. Herausnehmen, dann die Nüsse und Mandeln in der Pfanne rösten. Die Kresse waschen und vom Beet schneiden.

Für das Dressing die Petersilie waschen, trocken schütteln und die Blättchen fein hacken. Den Joghurt mit, Rapsöl, Essig und Petersilie verrühren. Mit Zucker, Salz und Pfeffer würzen.

Den Salat auf vier Teller verteilen und mit dem Dressing beträufeln. Früchte, Nüsse, Mandeln und Ziegenkäsescheiben rundum anrichten. Mit Kresse toppen und den Salat sofort servieren. Dazu schmeckt frisches Baguette.

Zu diesem mediterran angehauchten Salat passt ein sommerlicher Rosé, z. B. ein Meersburger Haltnau Spätburgunder Rosé trocken aus der Spitalkellerei Konstanz.

Die Wendelgard-Sage
Gut Haltnau am Bodensee

Vor rund 700 Jahren lebte einst bei Meersburg am Bodensee die Adlige Wendelgard von Haltnau. Sie war sehr unglücklich, denn sie wünschte sich nichts mehr als einen Ehemann. Doch trotz ihres Reichtums fand sich keiner weit und breit, der um ihre Gunst warb. Das mag daran gelegen haben, dass die gute Wendelgard nicht eben schön zu nennen war. Ihr Gesicht soll einem Schweinsrüssel recht ähnlich gewesen sein.

In ihrer Not bot sie dem Bürgermeister von Meersburg an, ihr gesamtes Gut der Stadt zu vermachen, wenn nur jeden Sonntag einer der Ratsherren mit ihr speisen und zum Abschied einen Kuss geben würde. Der Rat beriet sich – und lehnte ab. Daraufhin wandte sich Wendelgard mit dem gleichen Angebot an die Stadt Konstanz – und die willigte ein. Von nun an speiste jeden Sonntag ein Konstanzer Ratsherr mit der Adligen, den unten zitierten Vers wohl im Sinn. Wendelgard hatte vielleicht gehofft, doch noch das Herz eines der Herren zu gewinnen, doch dazu kam es nicht. Bis zu ihrem Tod mit 90 Jahren wurde der sonntägliche Brauch beibehalten, danach ging das Gut Haltnau mit all seinen Rebflächen an die Stadt Konstanz über – und so ist es bis heute.

»Die Wendelgard gleicht zwar dem Schwein, doch stärk ich mich am Haltnauwein.«

So weit die Sage, die uns Winzer Hubert Böttcher erzählt. Tatsächlich gehört das Rebgut Haltnau, das direkt bei Meersburg liegt, zur Spitalkellerei Konstanz auf der anderen Seite des Obersees.

Thai-Curry
mit Basmatireis

Für 4 Personen
Zubereitung 20 Minuten +
15 Minuten Garzeit

1 Zwiebel
1 Knoblauchzehe
1 gelbe Paprikaschote
1 kleine Zucchini
200 g Brokkoli
200 g kleine Champignons
2 Tomaten
100 g Zuckerschoten
300 g Basmatireis
Salz
Butterschmalz zum Braten
200 ml Kokosmilch (aus der Dose)
1 EL gelbe Currypaste
2 Kaffirlimettenblätter
1 Stängel Zitronengras
2 EL Sojasauce
1 EL Zucker
frisch gemahlener Pfeffer

Außerdem
frische Kräuter (z. B. Thymian, Rosmarin, rotes Basilikum)
4 Kirschtomaten
4 kleine rote Chilischoten

Zwiebel und Knoblauch schälen und fein würfeln. Paprika waschen, putzen und in mundgerechte Stücke schneiden. Zucchini waschen, putzen, längs vierteln und in Stücke schneiden. Brokkoli waschen, putzen und in Röschen teilen. Champignons putzen und vierteln. Tomaten waschen, achteln und dabei den Stielansatz enternen. Zuckerschoten waschen und putzen.

Den Reis mit der doppelten Menge Wasser und 1 TL Salz in einen Topf geben. Zum Kochen bringen und 10 Minuten köcheln lassen. Dann den Herd ausschalten und den Reis in weiteren 5 Minuten ausquellen lassen.

Inzwischen Butterschmalz in einer hohen Pfanne oder einem Wok erhitzen. Zwiebel und Knoblauch darin anschwitzen. Paprika und Zucchini zugeben und 3 Minuten mitbraten. Brokkoli und Champignons zufügen und ebenfalls mit anschwitzen. Mit Kokosmilch ablöschen und die Currypaste einrühren. Tomaten, Kaffirlimettenblätter und Zitronengras (zuvor mit einem Messer andrücken) zugeben. Alles zugedeckt 5 Minuten köcheln lassen. Dann die Zuckerschoten zugeben und weitere 3 Minuten garen. Das Curry mit Sojasauce, Zucker, Salz und Pfeffer würzen. Zum Schluss Kaffirlimettenblätter und Zitronengras entfernen.

Je 1 Portion Reis in ein rundes Schälchen geben und auf einen Teller stürzen. Daneben jeweils eine Portion Curry anrichten. Die Kräuter zu 4 kleinen Sträußchen zusammenfassen und in die Kirschtomaten stecken. Je 1 Kräutertomate und 1 Chili auf den Reis setzen und das Curry servieren.

Genießen Sie zu diesem aromatischen Curry einen Meersburger Haltnau Müller-Thurgau halbtrocken aus der Spitalkellerei Konstanz.

Karamellisierte Törtchen
von Tomaten und Ziegenkäse

Für 4 Personen
Zubereitung 40 Minuten

250 g rote Tomaten
250 g gelbe Tomaten
2 Knoblauchzehen
1 kleine Zwiebel
Olivenöl zum Braten
1 Bund Basilikum
1 TL Thymianblättchen
1 TL Oreganoblättchen
Salz, frisch gemahlener Pfeffer
200 g Ziegenfrischkäse
4 EL Zucker

Außerdem
4 Servierringe von Ø 8 cm
Flambierbrenner

Die Tomaten waschen, den Stielansatz entfernen und die Früchte farblich getrennt in Würfel schneiden. Knoblauch und Zwiebel schälen und fein würfeln.

Etwas Olivenöl in einer Pfanne erhitzen. Die Hälfte von Knoblauch und Zwiebel mit den roten Tomatenwürfeln darin anschwitzen. Den ausgetretenen Saft etwas einkochen lassen, dann mit einem Löffel abnehmen und beiseitestellen. Die roten Tomaten aus der Pfanne nehmen und abkühlen lassen. Mit den gelben Tomaten wiederholen.

Das Basilikum waschen und trocken schütteln. Einige Blattspitzen für die Dekoration beiseitelegen, die restlichen Blättchen von den Stängeln zupfen. Die Basilikumblättchen mit Thymian und Oregano fein hacken. Eine kleine Menge von den Kräutern abnehmen und unter den Tomatensud mischen. Die restlichen Kräuter jeweils zur Hälfte zu den roten und gelben Tomaten geben. Beide Mischungen salzen und pfeffern.

Die Servierringe auf vier Teller stellen. Die Ringe jeweils zu einem Drittel mit gelber Tomatenmasse füllen und leicht andrücken. Darüber die roten Tomaten einfüllen und andrücken. Mit dem Ziegenfrischkäse auffüllen und glatt streichen.

Jedes Törtchen mit 1 EL Zucker bestreuen und diesen sofort mit dem Flambierbrenner dunkelbraun karamellisieren. Dann den Servierring abheben. Den Tomaten-Kräuter-Sud um die Törtchen träufeln, mit Basilikumspitzen dekorieren und servieren.

Spinatknödel
in Pilzrahm

Für 4 Personen
Zubereitung 25 Minuten +
20 Minuten Garzeit

Für die Knödel
400 g Blattspinat (TK)
600 g altbackene Brötchen
2 Zwiebeln
100 g Butter
250 ml Milch
3 Eier
Salz, frisch gemahlener Pfeffer
frisch geriebene Muskatnuss
Semmelbrösel (nach Belieben)

Für den Pilzrahm
300 g gemischte Waldpilze
Öl zum Braten
1 Zwiebel
50 g Butter
100 ml Weißwein (oder heller Wermut, z. B. Noilly Prat)
500 g Sahne
Salz, frisch gemahlener Pfeffer
1 Spritzer Zitronensaft

Für die Brösel
2 EL Butter
2 EL Semmelbrösel

Außerdem
100 g frisch geriebener Bergkäse
gehackte Petersilie zum Bestreuen

Für die Knödel den Spinat nach Packungsangabe auftauen lassen. Dann ausdrücken und fein schneiden. Die Brötchen würfeln. Die Zwiebeln schälen und hacken.

Die Butter in einer Pfanne erhitzen und die Zwiebelwürfel darin anschwitzen. Die Milch zugießen und erwärmen. Dann die Brötchenwürfel zufügen und in der Milch einweichen. Die Masse in eine Schüssel umfüllen und mit Spinat, Eiern, Salz und Pfeffer zu einem gut formbaren Teig verkneten. Ist der Teig zu weich, eventuell noch Semmelbrösel unterkneten.

Aus dem Knödelteig mit kalt abgespülten Händen Knödel (Ø 5 cm) formen. In einem Topf reichlich Salzwasser aufkochen und die Knödel darin in 20 Minuten gar ziehen lassen.

Inzwischen für den Pilzrahm die Pilze putzen (nicht waschen) und klein schneiden. Öl in einer Pfanne stark erhitzen und die Pilze darin portionsweise anbraten. Die Zwiebel schälen und würfeln. Die Butter in einer zweiten Pfanne erhitzen und die Zwiebel darin glasig dünsten. Mit dem Weißwein ablöschen und etwas einkochen lassen. Pilze und Sahne zugeben und 5 Minuten köcheln lassen. Mit Salz, Pfeffer und Zitronensaft würzen.

Für die Brösel die Butter in einer beschichteten Pfanne erhitzen und die Semmelbrösel darin unter Rühren bräunen.

Die Knödel mit einem Schaumlöffel aus dem Wasser heben und auf vier Tellern anrichten. Mit Pilzrahm umgießen und mit gerösteten Bröseln und Bergkäse toppen. Mit Petersilie bestreut servieren. Dazu passt ein Blanc de Noir von der Ahr, z. B. vom Weingut Maibachfarm.

Gerichte mit Fleisch

Tafelspitzsülze

Für 4–6 Personen
Zubereitung 30 Minuten +
1 ½ Stunden Garzeit +
3 Stunden Kühlzeit

3 Karotten
¼ Sellerieknolle
600 g Tafelspitz
800 ml Rinderbrühe (gekauft oder selbst gemacht, s. S. 45)
10 Blatt weiße Gelatine
6 cl Sherry (oder Portwein)
Salz, frisch gemahlener Pfeffer
4 EL Schnittlauchröllchen

Außerdem
Terrinenform
Öl für die Form

Karotten und Sellerie schälen und in grobe Stücke schneiden. Den Tafelspitz mit der Rinderbrühe in einen Topf geben und zum Kochen bringen. Das Gemüse zufügen und das Fleisch etwa 1 ½ Stunden köcheln lassen, bis es weich ist.

Fleisch und Gemüse aus dem Topf heben und beiseitestellen. Die Gelatine 10 Minuten in kaltem Wasser einweichen. Dann ausdrücken und in der heißen Brühe auflösen. Die Brühe mit Sherry, Salz und Pfeffer abschmecken.

Die Terrinenform mit Öl ausstreichen und mit Frischhaltefolie so auskleiden, dass ein gutes Stück Folie übersteht.

Einen Teil vom Fleisch in feine Streifen schneiden, durch die Brühe ziehen und die Form damit auslegen. Restliches Fleisch und Gemüse fein würfeln. Beides in die Form geben und mit Brühe auffüllen. Die Oberfläche mit Schnittlauchröllchen bestreuen, mit der überstehenden Folie abdecken. Die Sülze mindestens 3 Stunden im Kühlschrank gelieren lassen.

Zum Servieren die Sülze aus der Form heben, in etwa 1,5 cm dicke Scheiben schneiden und auf Tellern anrichten. Mit Moselländer Senfsauce (s. S. 27) und Baguette servieren.

Zur herzhaften Tafelspitzsülze passt ein kräftiger Weißwein, z. B. ein Grauer Burgunder vom Weingut Borchert an der Mosel.

Wenn im Herbst am Mittelrhein – wie in vielen anderen Regionen – gejagt wird, kommt frisches Wildfleisch auf den Tisch. Das ist eine Delikatesse, und sie stammt von Tieren, die ein glückliches Leben hatten.

Wild-Burger

Für 4 Personen
Zubereitung 30 Minuten

500 g Wildhackfleisch
1 TL Wildgewürzmischung
1 TL getrockneter Thymian
Salz, frisch gemahlener Pfeffer
4 große Kopfsalatblätter
8 Scheiben Bacon (Frühstücksspeck)
4 Burgerbrötchen mit Sesam (am besten beim Bäcker bestellen)
4 EL Mayonnaise
4 EL Feigenkonfitüre
8 Ziegenfrischkäsetaler (200 g)

Außerdem
Grill (Holzkohle, Gas oder Elektro)

Das Hackfleisch in eine Schüssel geben und mit Wildgewürz, Thymian, 2 TL Salz und Pfeffer gut verkneten. Aus der Masse 4 Pattys formen. Die Salatblätter waschen und trocken tupfen.

Den Grill anheizen. Pattys und Baconscheiben auf dem heißen Grill knusprig braun braten. Die Burgerbrötchen waagerecht halbieren und die Schnittflächen auf dem Grill anrösten.

Die Böden der Brötchen mit Mayonnaise, die Deckel auf der Schnittfläche mit Feigenkonfitüre bestreichen. Jeweils 1 Salatblatt auf die Böden legen und je 1 gegrilltes Patty und 2 Ziegenkäsetaler daraufschichten. Die Deckel auflegen und leicht andrücken. Die Burger sofort servieren.

Was man im Hintergrund des Bildes sieht, ist ein Secco Rosé Felsenkuss, der bei der Veranstaltung »Grillen, chillen, Weine killen« auf dem Weingut Lithos am Mittelrhein als Aperitif ausgeschenkt wurde. Zum Wild-Burger passt jedoch grundsätzlich eher ein kräftiger Roter, z. B. ein Spätburgunder Barrique.

Winzerpfännchen
mit Pilzrahmsauce

Für 4 Personen
Zubereitung 30 Minuten +
1 ½ Stunden Garzeit

500 g Schweinebäckchen
500 ml dunkler Rinderfond (aus dem Glas)
400 g Schweinefilet
2 Zwiebeln
3 Knoblauchzehen
400 g braune Champignons
Butterschmalz zum Anbraten
150 ml Riesling
50 ml dunkle Bratensauce (Fertigprodukt)
200 g Sahne
Salz, frisch gemahlener Pfeffer
frisch geriebene Muskatnuss
2 EL gehackte Petersilie

Die Schweinebäckchen in mundgerechte Stücke schneiden und im leicht köchelnden Rinderfond etwa 1 ½ Stunden garen. Das Fleisch herausheben und 250 ml Fond abmessen.

Das Schweinefilet in grobe Würfel schneiden. Zwiebeln und Knoblauch schälen und fein hacken. Die Champignons putzen (nicht waschen) und vierteln. Etwas Butterschmalz in einer großen gusseisernen Pfanne stark erhitzen. Die Filetstücke darin schnell rundum scharf anbraten und herausnehmen.

Die Hitze etwas reduzieren. Zwiebeln und Knoblauch im verbliebenen Schmalz glasig anschwitzen. Die Champignons zugeben und anbraten. Mit dem Riesling ablöschen und diesen etwas einkochen lassen. Bäckchenfond, Bratensauce und Sahne dazugießen und die Sauce sämig einkochen lassen.

Zum Schluss beide Fleischsorten in die Sauce geben und darin wieder erwärmen, jedoch nicht mehr kochen lassen. Mit der Petersilie bestreuen und servieren.

Zum Winzerpfännchen passen kross gebratene Bratkartoffeln, ein frischer grüner Salat und ein trockener Spätburgunder von der Ahr.

Tafelspitz
mit Schnittlauchsauce und Apfelkren

Für 6 Personen
Zubereitung 20 Minuten +
3 Stunden Garzeit

Für den Tafelspitz
1,5 kg Tafelspitz
2 Zwiebeln
3 rote Karotten
2 gelbe Karotten
1 Stück Knollensellerie
1 Lauchstange
je 1 Zweig Thymian und Rosmarin
1 TL getrockneter Majoran
2 Lorbeerblätter
5 Pfefferkörner
Salz, frisch gemahlener Pfeffer
Schnittlauchröllchen zum Bestreuen

Für die Schnittlauchsauce
100 g Toastbrot, entrindet
20 ml kalte Milch
2 hart gekochte Eier
2 Eigelb
Salz, frisch gemahlener Pfeffer
1 Schuss Essig
½ TL mittelscharfer Senf
40 ml Sonnenblumenöl
2 EL Schnittlauchröllchen

Für den Apfelkren
400 g Äpfel
15 g frisch geriebener Meerrettich
Salz
10 g Zucker
Zitronensaft zum Beträufeln

Für den Tafelspitz das Fleisch 2–3 Minuten in kochendem Wasser blanchieren. Dann kalt abschrecken, in einen großen Topf geben und mit 2 l kaltem Wasser bedecken.

Die Zwiebeln ungeschält halbieren und auf den Schnittflächen in einer Pfanne ohne Fett anrösten. Karotten, Sellerie und Lauch schälen bzw. waschen, klein schneiden und für die Einlage beiseitelegen. Zwiebeln, Gemüseschalen und -abschnitte zum Fleisch geben. Kräuter und Gewürze zufügen, salzen und bei mittlerer Hitze 2½–3 Stunden köcheln lassen, bis das Fleisch weich ist. Das Fleisch herausheben, die Brühe durch ein feines Sieb abgießen und zurück in den Topf geben. Erneut zum Kochen bringen und das Gemüse für die Einlage darin garen. Die Brühe mit Salz und Pfeffer abschmecken.

Für die Schnittlauchsauce das Toastbrot in der Milch einweichen und gut ausdrücken. Die gekochten Eier pellen. Toastbrot, Eier, Eigelbe, Salz, Pfeffer, Essig und Senf mit dem Stabmixer pürieren. Das Öl langsam in dünnem Strahl unter ständigem Rühren einlaufen lassen, sodass eine dicke Emulsion entsteht. Kurz vor dem Servieren die Schnittlauchröllchen unterrühren.

Für den Apfelkren die Äpfel schälen, vierteln und entkernen. Die Viertel raspeln und mit dem Meerrettich mischen. Mit Salz und Zucker würzen und mit Zitronensaft beträufeln.

Das Fleisch mit einem scharfen Messer quer zur Faser in Scheiben schneiden. Mit etwas Brühe und Gemüseeinlage anrichten und mit Schnittlauchröllchen bestreuen. Apfelkren und Schnittlauchsauce dazu servieren. Die restliche Brühe separat dazu reichen. Dazu schmecken Rahmspinat und Kartoffelrösti.

Dazu passt ein Grüner Veltliner, z. B. ein Kollmitz Grüner Veltliner Smaragd vom Weingut Holzapfel in der Wachau.

Das Rezept stammt aus der Weinlaube »Im Brückle« vom Bio-Weingut Volz bei Stuttgart. Während wir vor Ort waren, pflückte Töchterchen Mirjam ein Blumensträußchen und bot es uns als Dekoration für unsere Fotos an. Was wir gerne annahmen!

Gegrillter Schweinehals

mit Bärlauchbutter und fruchtigem Dip

Für 4 Personen
Zubereitung 15 Minuten +
12 Stunden Marinierzeit

Für den Schweinehals
100 ml Öl
Salz, frisch gemahlener Pfeffer
Paprikapulver ungarisch scharf
Zwiebelpulver
8 dünne Scheiben Schweinenacken

Für die Bärlauchbutter
20–30 frische Bärlauchblätter
250 g weiche Butter
Salz, gemahlener weißer Pfeffer
1 Prise Chilipulver

Für den Dip
4 EL Mangochutney
2 EL Paprikamark
2 EL Sahne

Außerdem
Grill (Holzkohle, Gas oder Elektro)

Für den Schweinehals am Vortag Öl, Salz, Pfeffer, Paprika- und Zwiebelpulver in einer Schale verrühren. Die Fleischscheiben darin wenden und abgedeckt über Nacht in der Marinade durchziehen lassen.

Für die Bärlauchbutter grobe Stiele vom Bärlauch entfernen. Die Bärlauchblätter waschen, trocken tupfen und fein schneiden. Die Butter mit je 1 Prise Salz, Pfeffer und Chilipulver verrühren und den Bärlauch untermischen. Die Butter mithilfe von Frischhaltefolie zu einer Rolle formen und über Nacht im Kühlschrank fest werden lassen.

Am nächsten Tag für den Dip das Mangochutney fein würfeln und mit Paprikamark und Sahne verrühren.

Den Grill anheizen. Die Fleischscheiben aus der Marinade nehmen, abtropfen lassen und auf dem heißen Grill von beiden Seiten knusprig braun grillen. Die Bärlauchbutter in 1 cm dicke Scheiben schneiden. Die gegrillten Nackensteaks mit Bärlauchbutterscheiben belegen und servieren. Den Dip dazu reichen. Dazu passen Schupfnudeln (s. S. 166).

So lange sie weich ist, können Sie die Bärlauchbutter in verschließbare Dosen füllen und tiefkühlen. So haben Sie das ganze Jahr etwas davon.

Kalbsbäckchen
an Pfifferlingrisotto mit bunten Karotten

Für 4 Personen
Zubereitung 40 Minuten +
2 Stunden Garzeit

Für die Kalbsbäckchen
100 g Wurzelgemüse (Zwiebel, Lauch, Karotten, Sellerie)
Öl zum Braten
4 Kalbsbäckchen (1 kg)
20 g Tomatenmark
100 ml Rotwein
1 l heiße Rinderbrühe (gekauft oder selbst gemacht, s. S. 45)
1 Knoblauchzehe
je 3–4 Zweige Thymian und Rosmarin
Salz, frisch gemahlener Pfeffer

Für die bunten Karotten
je 100 g rote und gelbe Karotten
Salz
50 g Butter
1 Prise Zucker

Für den Risotto
1 Zwiebel
100 g Butter
200 g Risottoreis
100 ml Weißwein
1 l heiße Gemüsebrühe
200 g Pfifferlinge
Öl zum Braten
1 Frühlingszwiebel
50 g frisch geriebener Parmesan
Gartenkresse zum Bestreuen

Für die Kalbsbäckchen das Wurzelgemüse schälen bzw. waschen und klein schneiden. Öl in einem Bräter erhitzen und die Bäckchen darin rundum scharf anbraten. Herausnehmen und beiseitestellen. Das Gemüse im verbliebenen Öl anbraten, das Tomatenmark mitrösten. Mit Rotwein und Brühe ablöschen.

Den Knoblauch schälen und hacken, die Kräuterzweige waschen. Knoblauch, Kräuter und Kalbsbäckchen in den Sud legen und zugedeckt bei schwacher Hitze etwa 2 Stunden schmoren. Die Bäckchen danach herausnehmen, die Sauce durch ein Sieb passieren. Zurück in den Topf gießen und leicht sämig einkochen lassen. Mit Salz und Pfeffer würzen. Die Bäckchen wieder in die Sauce legen und darin warm halten.

Inzwischen die bunten Karotten schälen und in kochendem Salzwasser bissfest garen. Herausnehmen, abkühlen lassen und in feine Scheiben schneiden. Kurz vor dem Servieren die Butter in einer Pfanne erhitzen und die Karotten darin anbraten. Mit Zucker bestreuen und karamellisieren lassen.

Für den Risotto die Zwiebel schälen und hacken. 50 g Butter in einem weiten Topf erhitzen und die Zwiebel darin anschwitzen. Den Reis einrühren und glasig werden lassen. Mit Weißwein ablöschen. Etwas Gemüsebrühe angießen und unter Rühren köcheln lassen, bis der Reis die Flüssigkeit fast vollständig aufgenommen hat. Erst dann Brühe nachgießen. So etwa 20 Minuten fortfahren, bis der Reis gar ist.

Inzwischen die Pfifferlinge putzen (nicht waschen) und im heißen Öl scharf anbraten. Frühlingszwiebel putzen, waschen und in Ringe schneiden. Pfifferlinge und Frühlingszwiebelringe zum Risotto geben. Übrige Butter (50 g) und Parmesan unterheben.

Den Risotto auf vier Teller verteilen, Kalbsbäckchen und karamellisierte Karotten darauf anrichten und mit Sauce umgießen. Mit Kresse bestreut servieren.

Toast Winzerhof

mit Kasseler, Camembert und Preiselbeeren

Für 4 Personen
Zubereitung 15 Minuten +
15 Minuten Backzeit

8 Pfirsichhälften (aus der Dose)
8 Scheiben Vollkorntoast
16 Scheiben Kasseler-Bratenaufschnitt
2 Camemberts
4 EL Mandelblättchen
4 EL Preiselbeerkonfitüre

Außerdem
Petersilienblättchen, Ananasstücke und Mandarinen (aus der Dose) für die Dekoration

Den Backofen auf 160 °C Ober-/Unterhitze vorheizen, ein Backblech mit Backpapier belegen. Die Pfirsichhälften in einem Sieb abtropfen lassen.

Die Toastscheiben im Toaster rösten. Dann pro Person 2 Toastscheiben auf dem Backblech aneinanderlegen und mit 4 Scheiben Kasseler belegen. Je 2 Pfirsichhälften in Scheiben schneiden und darauf verteilen. Jeweils ½ Camembert in Scheiben schneiden und darauflegen.

Die Toasts im vorgeheizten Ofen auf mittlerer Schiene 10–15 Minuten überbacken, bis der Käse geschmolzen ist.

Inzwischen die Mandelblättchen in einer Pfanne ohne Fett goldbraun rösten. Die Toasts aus dem Ofen nehmen und auf vier Tellern anrichten. Mit Preiselbeerkonfitüre toppen und mit den gerösteten Mandelblättchen bestreuen. Mit Petersilie, Ananasstücken und Mandarinen dekorieren und heiß servieren.

Genießen Sie zu diesem fruchtig-pikanten Toast einen Würzer Kabinett süß oder einen Riesling Qualitätswein süß, z.B. vom Weingut Gattung an der Nahe.

Da draußen in der Wachau

Nur 100 km vom geschäftigen Wien entfernt liegt die Wachau. Weingärten steigen an den Hängen rechts und links der Donau bis hinauf zu bewaldeten Kuppen an, dazwischen Klöster, Kirchen und Dörfer, die aussehen, als wären die Jahrhunderte unbemerkt an ihnen vorübergezogen. Der liebliche Landstrich hat einen besonderen Zauber!

Das Weingut Holzapfel, das die Fotografin Vanessa Jansen und ich hier besuchen, hat seinen Sitz im vor 700 Jahren gegründeten und im 17. Jahrhundert umgestalteten Prandtauer Hof. Im barocken Innenhof mit seinen Palmen und Arkadengängen wähnt man sich in Italien. Die Familie Holzapfel, die uns hier empfängt, führt das Gut in zweiter Generation. Das erst kirchliche, dann staatliche Anwesen hatten die Eltern Holzapfel im Jahr 1968 erstanden und vor dem völligen Verfall bewahrt. Inzwischen heben Sohn Karl und seine Frau Barbara kontinuierlich die Qualität des Weines, führen ein weithin bekanntes Restaurant und vermieten Gutszimmer an Gäste.

MAYER

Das Wiener Backhendl ist von den Speisekarten der Heurigen nicht wegzudenken. Es ist wunderbar knusprig und saftig und wird natürlich genüsslich mit den Fingern verspeist, die Gabel ist nur für den Rahm-Gurken-Salat!

Wiener Backhendl

mit Rahm-Gurken-Salat

Für 4 Personen
Zubereitung 20 Minuten +
1 Stunde Garzeit

Für den Rahm-Gurken-Salat
1 Salatgurke
Salz
2 TL fein gehackter Dill
200 g saure Sahne
4 EL Essig
2 EL Öl
frisch gemahlener Pfeffer

Für das Backhendl
2 Hähnchen (à 1 kg), küchenfertig
Salz
1 Bund Petersilie
Mehl zum Wenden
2 Eier, verquirlt
Semmelbrösel zum Wenden
Öl zum Frittieren

Außerdem
Zitronenviertel für die Dekoration

Für den Salat die Gurke schälen und in dünne Scheiben hobeln. In einem Sieb mit 1 TL Salz bestreuen und etwas ziehen lassen. Danach gut ausdrücken und in einer Schüssel mit Dill, saurer Sahne, Essig, Öl und 2 Prisen Pfeffer mischen. Den Salat im Kühlschrank bis zum Servieren durchziehen lassen.

Für das Backhendl die Hähnchen waschen, trocken tupfen und vierteln. Die Haut abziehen und das Fleisch an den Keulen einschneiden, um die Garzeit zu verringern. Die Viertel salzen. Die Petersilie waschen und sehr gut trocken tupfen.

Mehl, Eier und Semmelbrösel getrennt in tiefe Teller füllen. Die Hähnchenviertel zuerst im Mehl, dann in den Eiern wenden. Überschüssiges Ei abstreifen. Die Viertel zuletzt in den Bröseln wenden und diese leicht andrücken.

Reichlich Öl In einem hohen Topf oder einer Fritteuse auf 150 °C erhitzen. Es ist heiß genug, wenn an einem hineingetauchten Holzstäbchen kleine Blasen aufsteigen. Die Hähnchenviertel nacheinander im siedenden Öl 12–15 Minuten frittieren. Fertig frittierte Viertel herausnehmen, auf Küchenpapier entfetten und warm stellen. Zuletzt die Petersilienstängel ins siedende Öl geben und knusprig frittieren.

Jeweils 2 Hähnchenviertel in stilecht mit Papier ausgelegten Körbchen anrichten. Mit der frittierten Petersilie belegen und mit Zitronenvierteln dekoriert servieren. Den Rahm-Gurken-Salat dazu reichen. Dazu passt ein Grüner Veltliner.

Jungschweinsbraten
mit Specksauerkraut und Semmelknödel

Für 4 Personen
Zubereitung 40 Minuten +
1 ½ Stunden Garzeit

Für den Schweinsbraten
1,5 kg Jungschweinsbraten mit Schwarte
4 Knoblauchzehen
Salz, 1 TL Pfefferkörner
1 EL getrockneter Majoran
1 TL Kümmelsamen
3 EL Öl
1 Bund Suppengrün, 2 Zwiebeln
500 ml Rinderbrühe (gekauft oder selbst gemacht, s. S. 45)

Für das Specksauerkraut
100 g durchwachsener Speck
1 Zwiebel
Öl zum Braten
1 Prise Zucker
100 ml Rinderbrühe
500 g Sauerkraut, gewaschen
1 Lorbeerblatt, 5 Wacholderbeeren
½ TL Kümmelsamen
Salz, frisch gemahlener Pfeffer

Für die Semmelknödel
1 Zwiebel
Butter zum Braten
500 ml Milch
500 g Brötchen, gewürfelt
2 Eier
100 g fein gehackte Petersilie
Salz, frisch gemahlener Pfeffer
frisch geriebene Muskatnuss

Für den Braten den Backofen auf 200 °C Ober-/Unterhitze vorheizen. Das Fleisch mit der Schwarte nach unten in einen Bräter legen, einen Fingerbreit Wasser zugießen und das Fleisch im vorgeheizten Ofen auf mittlerer Schiene 15 Minuten garen. Inzwischen den Knoblauch schälen und mit 1 TL Salz, Pfeffer, Majoran, Kümmel und Öl im Mörser oder Mixer zu einer Paste zerkleinern. Das Fleisch aus dem Ofen nehmen. Die Schwarte kreuzweise einschneiden, die Fleischseite mit der Würzpaste einreiben. Suppengrün waschen, putzen und klein schneiden, Zwiebeln schälen und vierteln. Das Gemüse in den Bräter geben und das Fleisch mit der Schwarte nach oben darauflegen. Im Ofen auf unterster Schiene weitere 30 Minuten garen. Dann Brühe und 500 ml Wasser zugießen, die Hitze auf 180 °C reduzieren und den Braten 45 Minuten weiterschmoren. Dabei ab und zu mit Bratsud begießen. Der Braten ist fertig, wenn sich eine Fleischgabel leicht hineinstecken und herausziehen lässt. Den Sud in einen Topf abgießen und etwas einkochen lassen.

Inzwischen für das Sauerkraut den Speck würfeln. Die Zwiebel schälen und fein hacken. Etwas Öl in einem Topf erhitzen, Speck und Zwiebel darin anschwitzen. Mit Zucker karamellisieren und mit Brühe ablöschen. Sauerkraut, Lorbeerblatt, Wacholderbeeren und Kümmel zugeben, salzen und pfeffern. Das Kraut etwa 20 Minuten garen, dabei gelegentlich umrühren.

Für die Semmelknödel die Zwiebel schälen und würfeln. In etwas Butter glasig anschwitzen und die Milch zugießen. Die Brötchenwürfel in einer Schüssel mit dem Zwiebel-Milch-Mix übergießen, Eier und Petersilie zufügen und alles gut mischen. Die Masse mit Salz, Pfeffer und Muskat würzen und etwa 30 Minuten quellen lassen. Danach Knödel formen und in leicht kochendem Salzwasser in 15–20 Minuten gar ziehen lassen.

Den Braten in Scheiben schneiden und mit Sauerkraut und Semmelknödeln auf vier Tellern anrichten. Den Bratsud als Sauce dazu servieren.

SEGUIN MOREAU
PEFC
Classic
2017

Pfälzer Frauenpower
Das Weingut Bremer

Im Zellertal in der Pfalz empfängt uns eine gut gelaunte Rebecca Bremer auf dem denkmalgeschützten Weingut der Familie. Sie und ihre Schwestern Anna und Leah haben sich hier den Wunschtraum »eigenes Weingut« erfüllt. Und wenn man es genau nimmt, ist auch Mutter Cornelia mit von der Partie. Geballte Frauenpower also!

So wie man kochen kann, ohne Köchin zu sein, kann man Wein machen, ohne eine Winzerausbildung zu haben!

Im Jahr 2015 übernahm die Familie, die eigentlich aus Calw stammt, das denkmalgeschützte Weingut mit seinen 12 Hektar Rebflächen. Auf denen werden Spätburgunder, Weißburgunder, Grauburgunder, Riesling, Chardonnay, Gelber Muskateller, Silvaner, Sauvignon blanc und Auxerrois angebaut. Besondere Lagen wie der Zeller Schwarze Hergott oder der Zeller Heiland, der Zeller Königsweg oder der Zeller Apotheker bringen dabei besondere Weine hervor.

Diejenige, die immer vor Ort arbeitet, ist Rebecca, von Beruf eigentlich Architektin. Sie hat den bekannten Pfälzer Oenologen Michael Acker für das Familienprojekt gewonnen, kümmert sich um Keller, Weinberge und Gastronomie. Wie das geht? »So wie man kochen kann, ohne Köchin zu sein, kann man auch Wein machen, ohne eine Winzerausbildung zu haben!«, erklärt sie fröhlich.

Dass sie kochen kann, bestätigen wir gerne! Die Gerichte, die sie zu diesem Kochbuch beigesteuert hat, schmecken nicht nur fantastisch, sie sehen auch wirklich großartig aus! Und die Preise und Auszeichnungen, die die Bremer Weine erzielen, sprechen ihre eigene Sprache.

Mitten im Hof des denkmalgeschützten Weinguts Bremer steht diese alte Linde.

Huhn, in Wein geschmort, ist ein Klassiker aus Frankreich. Dort wird häufig Rotwein dafür verwendet, aber auch Weißwein ist durchaus üblich. Dieses Rezept ist durch die Zugabe von Dijonsenf und das Mitschmoren von Chicorée besonders raffiniert!

Coq au Riesling
mit geschmortem Chicorée

Für 4 Personen
Zubereitung 30 Minuten +
30 Minuten Garzeit

4 Hähnchenkeulen
Sonnenblumenöl zum Braten
1 Zwiebel
1 Knoblauchzehe
5 Chicoréestauden
3 Zweige Thymian
2 Zweige Salbei
4 Stängel Estragon
3 EL Dijonsenf
300 ml Riesling
300 g Sahne
Salz, frisch gemahlener Pfeffer

Außerdem
Salbeiblättchen für die Dekoration

Die Hähnchenkeulen waschen und mit Küchenpapier trocken tupfen. Etwas Öl in einem Bräter erhitzen und die Keulen darin rundum goldbraun anbraten.

Inzwischen Zwiebel und Knoblauch schälen und fein hacken. Den Chicorée waschen und putzen. Die Stauden halbieren und den Strunk keilförmig herausschneiden. Die Kräuter waschen und trocken schütteln. Die Blättchen abzupfen und hacken.

Die Hähnchenkeulen aus dem Bräter nehmen und beiseitestellen. Zwiebel und Knoblauch im verbliebenen Öl etwa 2 Minuten anschwitzen. Den Chicorée zugeben und 3 Minuten mitbraten.

Senf und 150 ml Riesling verrühren, den Chicorée damit ablöschen und 2 Minuten einkochen lassen. Die Hähnchenkeulen wieder zugeben, restlichen Wein (150 ml) und Sahne zugießen. Die gehackten Kräuter zufügen, alles mit Salz und Pfeffer würzen und bei halb aufgelegtem Deckel etwa 30 Minuten schmoren. Dabei die Keulen immer wieder mit Sud begießen. Zuletzt die Sauce nochmals mit Salz und Pfeffer abschmecken.

Die Hähnchenkeulen in vier tiefe Teller legen und den Chicorée mit etwas Sauce daneben anrichten. Mit Salbeiblättchen dekoriert servieren. Dazu schmeckt schwarzer Reis

Zu diesem Gericht passt natürlich Riesling am besten. Rebecca Bremer empfiehlt einen gereiften Riesling, z. B. einen Schwarzer Herrgott 2017 vom Pfälzer Weingut Bremer.

Kaninchenschmortopf
ligurische Art

Für 4 Personen
Zubereitung 10 Minuten +
40 Minuten Garzeit

4 Kaninchenkeulen
Salz, frisch gemahlener Pfeffer
4 EL Mehl
1 große Zwiebel
2 Knoblauchzehen
4 Zweige Rosmarin
Olivenöl zum Braten
300 ml Rotwein
500 g stückige Tomaten (aus der Dose)
200 ml Gemüsebrühe
150 g schwarze Oliven (entsteint)

Außerdem
Tomatenwürfelchen und Rosmarinzweige für die Dekoration

Die Kaninchenkeulen waschen und trocken tupfen. Mit Salz und Pfeffer würzen und im Mehl wenden. Zwiebel und Knoblauch schälen und hacken. Den Rosmarin waschen und trocken schütteln. Die Nadeln abstreifen und hacken.

Etwas Olivenöl in einem gusseisernen Bräter erhitzen und die Keulen darin rundum goldbraun anbraten. Herausnehmen und beiseitestellen. Zwiebel und Knoblauch im verbliebenen Öl anschwitzen. Mit dem Rotwein ablöschen und diesen etwas einkochen lassen. Die Keulen wieder zugeben, Tomaten und Rosmarin zufügen. Alles zugedeckt bei schwacher Hitze 40 Minuten sanft köcheln lassen. Dabei immer wieder etwas Gemüsebrühe zugießen und nach 30 Minuten die Oliven zugeben.

Zum Schluss die Sauce mit Salz und Pfeffer abschmecken. Die Kaninchenkeulen mit Tomatenwürfelchen und Rosmarinzweigen dekoriert servieren. Dazu schmecken Tagliatelle oder frisches Baguette.

Winzerin Rebecca Bremer, die dieses Gericht für uns zubereitet hat, empfiehlt dazu einen Merlot, z. B. ihren Palatinello 2018.

Königsberger Klopse

mit eingelegter Roter Bete

Für 4 Personen
Zubereitung 20 Minuten +
1 Stunde Marinierzeit +
30 Minuten Garzeit

Für die Rote Bete
500 g gegarte Rote Bete
2 große Schalotten
Sonnenblumenöl zum Braten
150 ml Bio-Apfelessig
80 ml Olivenöl
Salz, frisch gemahlener Pfeffer
1 TL Zucker

Für die Klopse
600 g Rinderhackfleisch
2 ½ Zwiebeln
Butter zum Braten
200 ml Milch
1 altbackenes Brötchen
2 Eier
1 TL mittelscharfer Senf
3 EL Kapern (aus dem Glas)
abgeriebene Schale von 1 Bio-Zitrone
Salz, frisch gemahlener Pfeffer
2 Lorbeerblätter

Für die Sauce
50 g Butter
50 g Mehl
200 g Sahne
2 EL Kapern (aus dem Glas)
1 EL Zitronensaft
Salz, frisch gemahlener Pfeffer

Für die Rote Bete die Knollen in schmale Spalten schneiden. Die Schalotten schälen und in schmale Streifen schneiden. Öl in einer Pfanne erhitzen und die Schalotten darin glasig dünsten. Den Essig angießen und auf die Hälfte einkochen lassen. Dann das Öl in dünnem Strahl zugießen, dabei mit dem Schneebesen rühren, bis eine Emulsion entstanden ist. Mit Salz, Pfeffer und Zucker würzen. Vom Herd nehmen, die Rote-Bete-Spalten in den heißen Sud legen und mindestens 1 Stunde ziehen lassen.

Inwzischen für die Klopse das Hackfleisch in eine Schüssel geben. 2 Zwiebeln schälen und würfeln. Butter in einem Topf erhitzen und die Zwiebeln darin glasig anschwitzen. Die Milch zugießen und erhitzen. Das Brötchen in Würfel schneiden und in der Milch-Zwiebel-Mischung einweichen. Die Mischung dann zum Hackfleisch geben. Eier und Senf unterrühren. Die Kapern fein hacken und mit der Zitronenschale zufügen. Alles kräftig mit Salz und Pfeffer würzen und gut verkneten. Aus der Hackmasse mit kalt abgespülten Händen 12 Klopse formen.

Reichlich Salzwasser in einem großen Topf mit der übrigen Zwiebelhälfte und den Lorbeerblättern zum Kochen bringen. Die Klopse vorsichtig hineingleiten lassen und im leicht siedenden Wasser in 20 Minuten gar ziehen lassen. Danach die Klopse herausheben und beiseitestellen.

Für die Sauce den Kochsud durch ein Sieb gießen und 400 ml abmessen. Aus Butter und Mehl eine Mehlschwitze bereiten und mit dem abgemessenen Kochsud und der Sahne glatt rühren. Die Sauce 10 Minuten kochen lassen, zuletzt mit Zitronensaft, Salz und Pfeffer abschmecken.

Die Königsberger Klopse mit reichlich Sauce und der eingelegten Rote Bete servieren. Dazu passt Kartoffelpüree. Wer mag, dekoriert das Gericht noch mit Kapern, gehackter Petersilie und frittierten Zwiebelringen.

Dieses Gericht von der Karte des Gutsausschanks vom Weingut Gattung ist Urgroßvater Heinrich Gattung gewidmet, Jahrgang 1907. Er wurde 93 Jahre alt.

Stolzer Heinrich

Für 4 Personen
Zubereitung 15 Minuten + 15 Minuten Backzeit

- 8 Tomaten
- 8 Scheiben Weizenmischbrot
- 8 Scheiben gekochter Schinken
- Salz, frisch gemahlener Pfeffer
- 8 Eier
- Butter (oder Öl) zum Braten
- 16 Scheiben Schweizer Käse
- Schnittlauchröllchen zum Bestreuen

Den Backofen auf 160 °C Ober-/Unterhitze vorheizen, ein Backblech mit Backpapier belegen. Die Tomaten waschen und den Stielansatz entfernen.

Pro Person 2 Brotscheiben auf dem Backblech aneinanderlegen und mit 2 Scheiben Schinken belegen. Je 2 Tomaten in Scheiben schneiden und darauf verteilen. Mit Salz und Pfeffer würzen.

Die Eier verquirlen und mit Salz und Pfeffer würzen. Etwas Butter in einer beschichteten Pfanne erhitzen und die Eier darin stocken lassen. Je ein Viertel vom Rührei auf den Tomaten verteilen und mit je 4 Käsescheiben abdecken.

Die Brote im vorgeheizten Ofen auf mittlerer Schiene 10–15 Minuten überbacken, bis der Käse geschmolzen ist. Die Brote herausnehmen, auf vier Tellern anrichten und mit Schnittlauch bestreut servieren.

Dazu schmeckt ein süffiger Portugieser Weißherbst, z. B. vom Weingut Gattung an der Nahe.

Gerichte mit Fisch

Matjes-Tatar
auf Pumpernickel und Wildkräutersalat

Für 4 Personen
Zubereitung 30 Minuten +
12 Stunden Kühlzeit

Für das Tatar
100 g Matjes
1 kleine weiße Zwiebel
1 kleiner Apfel
1 Essiggurke (aus dem Glas)
100 g Joghurt
1–2 EL Sahne (nach Belieben)
Salz, frisch gemahlener Pfeffer
½ TL Senfsamen
1 Prise Zucker
2 Scheiben Pumpernickel

Für die Kartoffelchips
3–4 Kartoffeln (Drillinge)
Öl zum Frittieren

Für den Wildkräutersalat
100 g Wildkräutersalat
2 EL Weißweinessig
2 EL Sonnenblumenöl
Salz, frisch gemahlener Pfeffer

Außerdem
4 Servierringe von Ø 8 cm
Gartenkresse und getrocknete Löwenzahnblütenblätter (nach Belieben) für die Dekoration

Für das Tatar am Vortag den Matjes fein würfeln und in eine Schüssel geben. Die Zwiebel schälen. Den Apfel schälen, vierteln und das Kerngehäuse entfernen. Zwiebel, Apfel und Essiggurke fein würfeln und zum Fisch geben. Den Joghurt und nach Belieben die Sahne unterrühren, bis eine recht feste Masse entsteht. Das Tatar vorsichtig salzen (Matjes ist recht salzig) und mit Pfeffer, Senfsamen und Zucker würzen. Das Tatar über Nacht zugedeckt kalt stellen.

Am nächsten Tag für die Chips die Kartoffeln unter kaltem Wasser abbürsten und trocken reiben. Das Öl in einem hohen Topf erhitzen. Es ist heiß genug ,wenn an einem hineingetauchten Holzstäbchen kleine Blasen aufsteigen. Die Kartoffeln direkt ins heiße Öl hobeln (Vorsicht, das kann spritzen!) und knusprig goldbraun frittieren. Mit einem Schaumlöffel herausheben, auf Küchenpapier entfetten und abkühlen lassen.

Die Servierringe auf vier Teller stellen. Den Pumpernickel fein zerbröseln, in den Ringen verteilen und andrücken. Das Matjes-Tatar durchrühren, nochmals abschmecken und auf den Pumpernickel geben. Die Ringe dann abheben.

Für den Salat die Wildkräuter waschen und trocken schleudern. Mit Essig, Öl, Salz und Pfeffer marinieren und den Salat rund um das Tatar auf den Tellern anrichten. Tatar und Salat mit Kartoffelchips, Kresse und nach Belieben Blütenblättern dekoriert servieren. Dazu passt frisches Vollkornbrot.

Wer keine Servierringe besitzt, richtet das Tatar einfach auf kleinen runden Pumpernickelscheiben an. Die gibt es fertig im Supermarkt.

Forelle Müllerin
mit Rieslingschaum

Für 4 Personen
Zubereitung 45 Minuten

Für die Forellen
4 Forellen, küchenfertig
Salz, frisch gemahlener Pfeffer
1 Bio-Zitrone
4 Stängel Petersilie
4 Stängel Dill
Öl zum Braten
Mehl zum Wenden
1 EL Butter

Für den Rieslingschaum
3 Schalotten
¼ Sellerieknolle
6 weiße Champignons
½ Lauchstange
Öl zum Braten
1 EL Mehl
150 ml Riesling
250 ml Fischfond
150 g Sahne
75 g Butter
1 Knoblauchzehe
2 Stängel Estragon
1 Stängel Dill
1 Zweig Thymian
1 Lorbeerblatt
weißer Pfeffer, Salz

Außerdem
Dillstängel, Zitronenspalten und Kirschtomaten für die Dekoration

Die Forellen waschen, trocken tupfen und innen und außen mit Salz und Pfeffer einreiben. Die Zitrone heiß abwaschen und in Scheiben schneiden. Die Kräuterstängel waschen und trocken schütteln. Die Fische mit Zitronenscheiben und Kräutern füllen.

Für den Rieslingschaum die Schalotten schälen und hacken. Sellerie schälen und klein schneiden. Champignons putzen und vierteln. Lauch putzen, waschen und in Ringe schneiden. Öl in einem Topf erhitzen und das Gemüse darin glasig andünsten. Mit Mehl bestäuben, mit Riesling ablöschen und diesen auf die Hälfte einkochen lassen. Den Fischfond zugießen und nochmals reduzieren. Sahne und Butter unterrühren.

Knoblauch schälen und hacken. Estragon, Dill und Thymian waschen und trocken schütteln. Blättchen und Spitzen abzupfen. Knoblauch, Kräuter, Lorbeerblatt und 1 Prise Pfeffer zur Sauce geben. Diese zum Kochen bringen, dann bei sehr schwacher Hitze 15 Minuten ziehen lassen.

Inzwischen Öl in zwei großen Pfannen erhitzen. Die Forellen im Mehl wenden und portionsweise im heißen Öl von beiden Seiten goldbraun braten. Zuletzt die Butter zugeben. Zur Garprobe mit einer Rouladennadel an der dicksten Stelle in jeden Fisch stechen, herausziehen und an die Lippe halten. Ist die Temperatur etwas höher als körperwarm, sind die Forellen gar.

Die Rieslingsauce salzen, schaumig aufmixen und durch ein Sieb passieren. Den Rieslingschaum mit den gebratenen Forellen auf vier vorgewärmten Tellern anrichten. Mit Dillstängeln, Zitronenspalten und Kirschtomaten dekorieren. Dazu in Butter geschwenkte Petersilienkartoffeln servieren.

Fisch muss bekanntlich schwimmen! Dieser am besten in einem Goldriesling vom Meißner Klausenberg.

Bachsaiblingsfilet
mit Marillen-Senf-Kruste und Safranschaum

Für 4 Personen
Zubereitung 20 Minuten +
1 Stunde Kühlzeit +
20 Minuten Garzeit

Für die Marillen-Senf-Kruste
2 EL Senfsamen
Salz
1 EL getrocknete Aprikosen
240 g weiche Butter
4 EL scharfer Senf (z. B. Dijonsenf)
2 EL Marillensenf
60 g Semmelbrösel
etwas Marillenkonfitüre

Für das Bachsaiblingsfilet
4 Bachsaiblingsfilets
Salz, frisch gemahlener Pfeffer
Olivenöl zum Braten

Für den Safranschaum
1 Schalotte
1 kleine Knoblauchzehe
20 g Butter
100 ml Grüner Veltliner
5 cl Wermut
200 ml Fischfond
100 g Sahne
1 Msp. Safran (ganze Fäden oder im Mörser zerstoßen)
Salz, frisch gemahlener Pfeffer

Außerdem
Thymianzweige für die Dekoration

Für die Marillen-Senf-Kruste die Senfsamen in Salzwasser in etwa 10 Minuten weich kochen, dann in ein Sieb abgießen. Die Aprikosen klein hacken. Die Butter in einer Schüssel sehr schaumig rühren. Senfsamen, Aprikosen, beide Senfsorten, Semmelbrösel und Konfitüre mit einem Teigspatel unterrühren. Die Butter süßlich-pikant abschmecken, mithilfe von Frischhaltefolie zu einer Rolle formen und 1 Stunde kühlen.

Für den Bachsaibling die Filets waschen, trocken tupfen und eventuell verbliebene Gräten entfernen. Mit Salz und Pfeffer würzen. Öl in einer Pfanne erhitzen und die Filets darin auf der Hautseite 3 Minuten braten, sodass sie noch leicht glasig sind.

Den Backofen mit Grill auf 200 °C vorheizen. Die Marillen-Senf-Butter in dünne Scheiben schneiden. Die Fischfilets in eine ofenfeste Form legen, mit Marillen-Senf-Scheiben bedecken und unter dem Backofengrill 5 Minuten gratinieren.

Inzwischen für den Safranschaum Schalotte und Knoblauch schälen und fein würfeln. Die Butter in einem Topf erhitzen und beides darin glasig anschwitzen. Mit Veltliner und Wermut ablöschen und aufkochen. Den Fischfond zugießen und die Sauce um ein Drittel einkochen lassen. Sahne und Safran zugeben und mit Salz und Pfeffer würzen. Die Sauce im Topf mit einem Stabmixer schaumig aufmixen.

Die gratinierten Bachsaiblingsfilets auf vier Tellern anrichten und mit dem Safranschaum umgießen. Mit Thymianzweigen dekoriert servieren. Dazu schmecken Gemüsegröstel (in Olivenöl gebratenes Wurzelgemüse, Zucchini, Paprika und Blumenkohl) und Erdäpfelpaunzen (Kartoffelnocken).

Zu diesem Gericht vom Gut Holzapfel in der Wachau passt ein Riesling Zehenthof Federspiel 2019.

Felchenfilet

mit Pommeryschaum und Spinattörtchen

Für 4 Personen
Zubereitung 30 Minuten +
15 Minuten Backzeit

Für die Spinattörtchen
200 g Blattspinat
Salz
8 Eier
300 g Sahne
4 Prisen geriebene Muskatnuss

Für den Pommeryschaum
2 Schalotten
25 g Butter
15 g Mehl
100 ml Gemüsebrühe
300 g Sahne
3 EL Pommerysenf
1 EL Dijonsenf
Salz, frisch gemahlener Pfeffer
1 Prise Zucker

Für die Felchenfilets
4 Felchenfilets
Salz
Zitronenpfeffer
Mehl zum Wenden
Butter und Öl zum Braten

Außerdem
4 Souffléförmchen
Butter für die Förmchen
Basilikum, Zitronenspalten und
Kirschtomaten für die Dekoration

Für die Törtchen den Backofen auf 160 °C Ober-/Unterhitze vorheizen, die Souffléförmchen mit Butter einfetten. Den Spinat waschen, verlesen und in kochendem Salzwasser 1 Minute blanchieren. In einem Sieb gut abtropfen lassen, dann in den Förmchen verteilen. Eier, Sahne, 4 Prisen Salz und Muskat verquirlen und über den Spinat gießen. Die Törtchen mit einem Schälchen Wasser in den vorgeheizten Ofen schieben und auf mittlerer Schiene in 15 Minuten goldbraun backen.

Inzwischen für den Pommeryschaum die Schalotten schälen und fein würfeln. Die Butter in einem Topf erhitzen und die Schalotten darin glasig anschwitzen. Mit Mehl bestäuben, mit Brühe und Sahne ablöschen. Aufkochen lassen, dann beide Senfsorten einrühren und die Sauce mit Salz, Pfeffer und Zucker würzen.

Die Felchenfilets waschen, trocken tupfen und von beiden Seiten mit Salz und Zitronenpfeffer einreiben. Die Filets dann im Mehl wenden und überschüssiges Mehl abschütteln. Butter und Öl in einer Pfanne erhitzen und die Filets darin von jeder Seite etwa 1 Minute braten.

Die Sauce mit einem Stabmixer schaumig aufmixen. Jeweils einen Saucenspiegel auf vier Teller geben und je 1 Felchenfilet und 1 Spinattörtchen darauf anrichten. Mit Basilikum, Zitronenspalten und Kirschtomaten dekoriert servieren. Dazu passen Rosmarinkartoffeln.

Genießen Sie dazu einen trockener Weißburgunder, z. B. einen Meersburger Haltnau aus der Spitalkellerei Konstanz.

Zanderfilet
mit Steinpilzen und buntem Gemüse

Für 4 Personen
Zubereitung 15 Minuten +
10 Minuten Garzeit

4 Zanderfilets (à 180 g)
Mehl zum Wenden
1 Zweig Rosmarin
200 g Steinpilze
1 Schalotte
Öl zum Braten
Salz, frisch gemahlener Pfeffer
1 EL fein gehackte Petersilie

Außerdem
Zitronenscheiben, frische Kräuter und gegrillte Kirschtomaten für die Dekoration

Die Zanderfilets waschen und trocken tupfen. Die Hautseite lamellenartig einschneiden und die Filets im Mehl wenden. Den Rosmarin waschen und trocken schütteln. Die Nadeln abstreifen und hacken. Die Steinpilze putzen und in nicht zu dünne Scheiben schneiden. Die Schalotte schälen und würfeln.

Etwas Öl in einer großen beschichteten Pfanne erhitzen. Den Zander auf der Hautseite hineinlegen, den Rosmarin zufügen und die Filets im nicht zu heißen Öl in 4 Minuten goldbraun braten. Salzen, pfeffern, kurz wenden und herausnehmen.

Danach Steinpilze und Schalotten in der Pfanne scharf anbraten. Die Petersilie zugeben, mit Salz und Pfeffer würzen.

Die Zanderfilets mit den Pilzen auf vier vorgewärmten Tellern anrichten. Mit Zitronenscheiben, Kräutern und Kirschtomaten dekorieren. Dazu schmecken bunte Gemüse der Saison und Rosmarinkartoffeln.

Zu diesem feinen Fisch passt ein Meersburger Haltnau Grauburgunder trocken aus der Spitalkellerei Konstanz.

Hundert Böden an der Nahe

Als wir aus dem Rheintal Richtung Bad Kreuznach abbiegen, um das Weinbaugebiet Nahe zu besuchen, ragen plötzlich zerklüftete Felswände vor uns auf. Wie uns Vater Hans-Joachim und Sohn Alexander der Winzerfamilie Gattung später erklären, sind sie durch Vulkanismus entstanden, der glühendes Magma aus Erdspalten nach oben drückte, wo es in bizarren Formen erstarrte. Der Rotenfels ist, wie sie nicht ohne Stolz berichten, die steilste Felswand nördlich der Alpen: ein Paradies für Kletterer – und für den Weinbau!

180 verschiedene Bodenarten hat das Weingebiet Nahe zu verzeichnen, Kies, Lehm, Porphyr, Ton, heller Sandstein, roter Sandstein und Schiefer sind nur einige davon. Eine Vielfalt auf begrenztem Raum, die keine andere Weinregion zu bieten hat. Der Riesling, der hier auf großen Flächen angebaut wird, bildet den Charakter der unterschiedlichen Böden gut ab, wie uns die beiden Winzer erklären.

Rund 15 verschiedene Rebsorten, hauptsächlich Weißweine, baut die Winzerfamilie, zu der noch Sohn Niklas und Mutter Eva-Maria gehören, die den Gutsausschank betreibt, auf ihren Parzellen an. Darunter befinden sich die geschützten Lagen Ebernburger Luisengarten, Feuerberg, Schlossberg und Bad Münsterer Höll (Rotenfels). Jede Lage, jede Rebsorte wird sortenrein gekeltert. Seit Kurzem experimentieren die beiden Söhne mit der Rebsorte Chardonnay, die sie neu angepflanzt haben. Durch milder werdende Klimabedingungen hoffen sie, die Weißweinrebe aus dem Burgund an der Nahe kultivieren zu können.

Der Rotenfels an der Nahe besteht aus vor Millionen von Jahren erstarrter Lava.

Wundern Sie sich nicht, dass dieser rheinische Fischtopf keinen Süßwasserfisch, sondern Meeresfisch und Muscheln enthält. Der Name rührt nicht von den Zutaten, sondern von der rheinischen Art der Zubereitung, nämlich mit Weißwein.

Rheinischer Fischtopf

mit Miesmuscheln

Für 4 Personen
Zubereitung 30 Minuten +
15 Minuten Garzeit

100 g Karotten
100 g Knollensellerie
100 g Kartoffeln
100 g Fenchelknolle
1 Zwiebel
1 Knoblauchzehe
100 g Butter
Salz
100 ml trockener Weißwein
100 ml Pernod (Anislikör)
100 g Lauch (weißer Teil)
1 l Fischfond
frisch gemahlener Pfeffer
Saft von 1 Zitrone
200 g Miesmuscheln, gewaschen und geputzt
400 g Kabeljaufilet
Mehl zum Wenden
Butter zum Braten
1 Handvoll Dillspitzen
Olivenöl zum Beträufeln

Karotten schälen und in Scheiben schneiden. Sellerie schälen und in Stifte schneiden. Kartoffeln schälen, waschen und würfeln. Fenchel waschen, putzen und in Streifen schneiden. Zwiebel und Knoblauch schälen und fein würfeln.

Die Butter in einem Topf erhitzen. Karotten, Sellerie und Kartoffeln darin bei schwacher Hitze 5 Minuten andünsten, dann salzen. Fenchel, Zwiebel und Knoblauch zugeben und 5 Minuten mitdünsten.

Das Gemüse mit Weißwein und Pernod ablöschen und die Flüssigkeit einkochen lassen. Inzwischen den Lauch putzen, waschen und in dünne Ringe schneiden. Zum Gemüse geben, den Fischfond zugießen und alles zugedeckt weitere 5 Minuten garen. Den Sud mit Salz, Pfeffer und Zitronensaft abschmecken. Die Miesmuscheln in den Sud legen und 3 Minuten darin garen, bis sie sich ganz geöffnet haben.

Das Kabeljaufilet waschen, trocken tupfen und in 4 Stücke schneiden. Diese im Mehl wenden und in einer Pfanne in der heißen Butter auf der Hautseite braten, bis sie gerade gar sind.

Die Fischfilets in vier vorgewärmte tiefe Teller legen und mit der heißen Fischsuppe übergießen. Mit Dillspitzen bestreuen mit jeweils 1 Spritzer Olivenöl beträufeln und servieren. Dazu passt Schwarzbrot mit Butter.

Garnelenpfännchen
mit Paprika

Für 4 Personen
Zubereitung 15 Minuten

- 24 Gambas (Riesengarnelen, easy peel, frisch oder TK)
- 1 rote Paprikaschote
- 4 Knoblauchzehen
- 4 EL Sonnenblumenöl
- 200 ml Weißwein
- Fischgewürz (siehe Tipp)
- Salz, frisch gemahlener Pfeffer
- 4 TL Sambal Oelek
- 4 TL frisch gehackte Kräuter der Provence (Rosmarin, Thymian)

Die Gambas waschen, trocken tupfen und schälen (tiefgekühlte Gambas vorher nach Packungsangabe auftauen lassen). Die Paprika waschen, putzen und in kleine Würfel schneiden. Den Knoblauch schälen und hacken.

Das Öl in einer gusseisernen Pfanne erhitzen. Paprika- und Knoblauchwürfel darin anbraten. Die Gambas zugeben und von beiden Seiten anbraten. Mit Weißwein ablöschen, mit Fischgewürz, Salz, Pfeffer und Sambal Oelek würzen. Die Gambas in der Pfanne schwenken und 3 Minuten köcheln lassen.

Jeweils 6 Gambas auf vier Tellern anrichten, mit den Kräutern bestreuen und servieren. Dazu passt frisches Topfbrot (s. S. 20).

Fischgewürz lässt sich ganz leicht selbst herstellen. Mischen Sie dafür je 1 Prise Salz, gemahlenen Pfeffer, gemahlenen Anis, Paprikapulver edelsüß, Currypulver, gemahlenen Ingwer, Zitronenschale und Zucker.

Besonders hübsch sieht es aus, wenn Sie den Reis als Timbale neben dem Fisch anrichten. Dafür den Reis einfach in ein kleines Schälchen mit rundem Boden füllen und auf die Teller stürzen. Basmati- und Jasminreis hält die Form wunderbar.

Lachs mit Fenchelgemüse
in Weißwein-Sahne-Sauce

Für 4 Personen
Zubereitung 15 Minuten + 15 Minuten Garzeit

600 g Lachsfilet (frisch oder TK)
1 dicke Fenchelknolle
Olivenöl zum Braten
150 ml Weißwein (z. B. Chardonnay)
300 g Sahne
1 TL Instant-Fischbrühe (oder Instant-Gemüsebrühe)
300 g Kirschtomaten
1 EL Crème fraîche
Salz, frisch gemahlener Pfeffer

Den Lachs waschen und trocken tupfen (tiefgekühlten Lachs vorher nach Packunsangabe auftauen lassen). Das Filet dann in 4 Stücke schneiden. Den Fenchel waschen, putzen und das Fenchelgrün beiseitelegen. Die Knolle längs halbieren, den Strunk herausschneiden und die Hälften in Streifen schneiden.

Etwas Olivenöl in einer Deckelpfanne erhitzen. Die Fenchelstreifen darin 5 Minuten andünsten. Mit Weißwein und Sahne ablöschen. Die Brühe einrühren und den Fenchel zugedeckt weitere 5 Minuten garen. Inzwischen die Tomaten waschen und klein schneiden. Dann mit den Lachsfilets zum Fenchelgemüse geben und den Lachs zugedeckt bei schwacher Hitze etwa 5 Minuten ziehen lassen, bis er innen nicht mehr glasig ist.

Zum Schluss die Crème fraîche einrühren und die Sauce mit Salz und Pfeffer abschmecken. Das Fenchelgrün hacken und über den Lachs streuen. Mit Basmatireis servieren.

Zu dem sommerlichen Gericht passt ein gut gekühlter Chardonnay, z.B. aus der Pfalz.

Desserts und Kuchen

Ein weiterer griechischer Klassiker vom Weingut Lithos am Mittelrhein. Der Joghurt mit den karamellisierten Nüssen kann als Frühstück, als erfrischendes Dessert oder als Snack zwischendurch serviert werden.

Griechischer Joghurt

mit karamellisierten Walnüssen

Für 4 Personen
Zubereitung 15 Minuten

200 g Zucker
200 g Walnusskerne
1 kg griech. Joghurt (10 % Fett)
4–8 TL flüssiger Honig (z. B. Blütenhonig aus der Weiler-Boppard)

In einer Pfanne 8 EL Wasser und Zucker verrühren und aufkochen. Sobald sich Blasen bilden, die Walnusskerne zugeben und leicht karamellisieren, jedoch nicht zu braun werden lassen. Die Nüsse schnell aus der Pfanne nehmen, auf einem Bogen Backpapier verteilen und vollständig auskühlen lassen.

Den Joghurt in vier Gläser füllen und mit je 1–2 TL Honig beträufeln. Die karamellisierten Walnüsse grob zerbröseln, auf dem Joghurt verteilen und servieren.

Zum Joghurt passt eine 2018er Riesling Auslese vom Weingut Lithos.

Wiener Biskuit
mit marinierten Erdbeeren

Für 1 Backform von 20 × 30 cm
Zubereitung 40 Minuten +
25 Minuten Backzeit +
1 Stunde Marinierzeit

Für den Biskuit
6 Eier
250 g Zucker
Mark von 2 Vanilleschoten
Salz
150 g Butter, plus mehr für die Form
160 g Weizenmehl (Type 405)

Für die marinierten Erdbeeren
500 g Erdbeeren
50 ml Holunderblütensirup
abgeriebene Schale und Saft von ½ Bio-Zitrone
abgeriebene Schale und Saft von ½ Bio-Orange
Salz
Mark von ½ Vanilleschote
40 g Puderzucker
2 cl Orangenlikör (z. B. Cointreau)

Für die Himbeer-Balsamico-Sauce
350 g Himbeeren
30 ml weißer Balsamico-Essig
1 Prise Salz
50 ml Honig
20 g brauner Zucker
30 ml Rosenwasser
50 ml Orangensaft

Für den Biskuit Eier, Zucker, Vanillemark und 1 Prise Salz in eine Rührschüssel geben. Mit den Quirlen des Handrührgeräts etwa 20 Minuten aufschlagen, bis eine weißschaumige Masse entstanden ist.

Inzwischen den Backofen auf 160 °C Ober-/Unterhitze vorheizen, die Backform einfetten. Die Butter in einem Topf erhitzen und köcheln lassen, bis sie leicht bräunt und nussig riecht. Die Nussbutter dann unter ständigem Rühren in dünnem Strahl in die Schaummasse rühren. Das Mehl darübersieben und unterziehen. Die Masse in die Form füllen und im vorgeheizten Ofen auf mittlerer Schiene 20–25 Minuten backen. Zur Garprobe mit einem Holzstäbchen in den Biskuit stechen. Wenn beim Herausziehen kein Teig daran haftet, ist er fertig. Aus dem Ofen nehmen und abkühlen lassen.

Für die marinierten Erdbeeren die Beeren putzen, waschen und halbieren. Holunderblütensirup, Zitronenschale und -saft, Orangenschale und -saft, 1 Prise Salz, Vanillemark, Puderzucker und Likör verrühren. Die Erdbeeren in einer Schüssel mit der Marinade übergießen und zugedeckt im Kühlschrank 1 Stunde durchziehen lassen.

Für die Himbeer-Balsamico-Sauce alle Zutaten in einem Topf verrühren und bis kurz vor den Siedepunkt erhitzen. Die Sauce durch ein feines Sieb passieren und abkühlen lassen.

Den Biskuit in 8–12 Stücke schneiden. Jeweils etwas Himbeer-Balsamico-Sauce auf Dessertteller geben, ein Biskuitstück und einige marinierte Erdbeeren darauf anrichten und servieren.

Wer mag, gibt noch etwas Kürbis-Minz-Pesto (s. S. 154) und Vanillesauce zum Biskuit. Dazu passt ein sommerlicher Rosé, z. B. ein Körtgen's Rosé von der Ahr.

Joghurtterrine
mit Kirschkompott und Kürbis-Minz-Pesto

Für 4–8 Personen
Zubereitung 20 Minuten +
18 Stunden Kühlzeit

Für das Kirschkompott
600 g Herzkirschen, entsteint
280 g brauner Zucker
2 Prisen gemahlener Kardamom
abgeriebene Schale und Saft von ½ Bio-Zitrone
Mark von ½ Vanilleschote
5 cl Amaretto (Mandellikör)
2 cl Kirschwasser

Für die Joghurtterrine
6 Blatt weiße Gelatine
250 ml Zitronensaft
300 g brauner Zucker, Salz
Mark von ½ Vanilleschote
300 g griech. Joghurt (10 % Fett)
300 g Quark (40 % Fett)
400 g Sahne

Für das Kürbis-Minz-Pesto
80 g Minzeblättchen
100 g geröstete Kürbiskerne
Meersalz
50 ml Olivenöl
30 ml Kürbiskernöl
40 ml Sonnenblumenöl
70 g Kastanien- oder Akazienhonig

Außerdem
Kastenform (20 cm lang)
zerbröselte Amarettini und Kirschen für die Dekoration

Für das Kompott Kirschen, Zucker, Kardamom, Zitronenschale und -saft in einer Schüssel mischen und 4–6 Stunden im Kühlschrank ziehen lassen. Danach den entstandenen Saft mit dem Vanillemark in einen Topf geben und bei schwacher Hitze auf ein Drittel einkochen lassen. Vom Herd nehmen und abkühlen lassen. Amaretto und Kirschwasser zugeben und den Saft wieder unter die Kirschen mischen.

Für die Joghurterrine die Gelatine in kaltem Wasser einweichen. Zitronensaft, Zucker, 1 Prise Salz und Vanillemark in einem Topf zum Kochen bringen. Vom Herd nehmen und die ausgedrückte Gelatine einrühren. Joghurt und Quark in einer Schüssel mischen. Den Gelatine-Mix langsam unterrühren. Die Sahne steif schlagen und unterziehen.

Die Kastenform mit Frischhaltefolie so auskleiden, dass ein gutes Stück Folie übersteht. Das Kirschkompott einfüllen, die Joghurtmasse daraufgeben und mit der überstehenden Folie abdecken. Die Terrine über Nacht ins Gefrierfach stellen.

Für das Kürbis-Minz-Pesto die Minzeblättchen waschen und trocken tupfen. Kürbiskerne, 1 gute Prise Meersalz, alle Ölsorten, Honig und Minze in einen Mixer geben und pürieren.

Die Terrine 10 Minuten vor dem Servieren aus dem Gefrierfach nehmen. Dann auf eine Platte stürzen, die Folie entfernen und die Terrine in dicke Scheiben schneiden. Die Scheiben auf Desserttellern anrichten und mit Kürbis-Minz-Pesto, Amarettini und Kirschen dekoriert servieren.

Dazu passt ein Spätburgunder, im jungen Barrique ausgebaut, z. B. ein Körtgen's bestes Fass von der Ahr.

Die Weincreme lässt sich auch alkoholfrei zubereiten. Verwenden Sie einfach weißen Traubensaft statt des Rieslings. Dann allerdings am besten nur noch die Hälfte der Zuckermenge und die doppelte Menge Zitronensaft verwenden.

Weincreme

Für 4 Personen
Zubereitung 15 Minuten + 1 Stunde Kühlzeit

1 Päckchen Vanillepuddingpulver (oder Sahnepuddingpulver)
250 ml trockener Riesling
100 g Zucker
Saft von ½ Zitrone
1 Ei
400 g Sahne

Außerdem
Spritzbeutel mit großer Sterntülle
halbierte Weintrauben für die Dekoration

Das Puddingpulver mit Riesling, Zucker und Zitronensaft in einer Schale verrühren. Eine kleine Menge davon abnehmen und mit dem Ei schaumig schlagen. Dann wieder unter die restliche Puddingmischung rühren.

Die Puddingmischung in einem Topf aufkochen, dabei beständig rühren, bis die Masse dick zu werden beginnt. Den Pudding vom Herd nehmen und lauwarm abkühlen lassen.

Inzwischen die Sahne steif schlagen. Die Schlagsahne dann in Portionen unter den lauwarmen Pudding ziehen. Die Creme in den Spritzbeutel füllen und in vier Dessertschälchen oder – wie abgebildet – in kleine Gläser (z. B. Weckgläser) spritzen.

Die Weincreme abgedeckt mindestens 1 Stunde in den Kühlschrank stellen. Mit Traubenhälften dekoriert servieren.

Terrassierte Weinberge an den Ufern der Donau in der Wachau.

Riesling-Apfel-Torte
mit Zimtsahne

Für 1 Springform von Ø 26 cm
Zubereitung 20 Minuten +
20 Minuten Kühlzeit +
1 Stunde Backzeit

Für den Teig
200 g Weizenmehl (Type 405)
1 gestrichener TL Backpulver
100 g Butter, plus mehr für die Form
100 g Zucker
1 Ei

Für die Füllung
1–1,5 kg säuerliche Äpfel (Boskop oder Braeburn)
500 ml trockener Riesling
Saft von ½ Zitrone
100 g Zucker
2 Päckchen Vanillepuddingpulver

Für die Zimtsahne
400 g Sahne
Zimtzucker zum Bestreuen

Für den Teig Mehl und Backpulver in einer Schüssel mischen und eine Mulde in die Mitte drücken. Butter in Flöckchen, Zucker und Ei hineingeben und alles zu einem glatten Teig verkneten. Den Teig zu einer Kugel formen und abgedeckt 20 Minuten in den Kühlschrank legen.

Inzwischen für die Füllung die Äpfel schälen, vierteln und das Kerngehäuse enternen. Die Viertel in kleine Stücke schneiden. In einem Topf 250 ml Riesling und Zitronensaft zum Kochen bringen. Die Apfelstücke zugeben und im Wein etwas andünsten. Den restlichen Riesling (250 ml) mit Zucker und Puddingpulver in einer Schale verrühren. Unter die Äpfel mischen und die Apfelmasse unter Rühren kochen lassen, bis sie glasig wird. Vom Herd nehmen und etwas abkühlen lassen.

Den Backofen auf 175 °C Ober-/Unterhitze vorheizen, die Springform mit Butter einfetten. Zwei Drittel vom Teig in der Form zu einem Boden flach drücken, mit dem restlichen Teigdrittel rundum einen Rand hochziehen.

Die Apfelmasse einfüllen und den Kuchen im vorgeheizten Ofen auf zweiter Schiene von unten 1 Stunde backen. Herausnehmen und vollständig auskühlen lassen.

Für die Zimtsahne die Sahne steif schlagen und auf der Torte verstreichen. Die Torte mit Zimtzucker bestreuen, in 12 oder 16 Stücke schneiden und servieren.

Dazu passt ein gut gekühlter Riesling, z. B. ein ELZ! Riesling trocken vom Weingut Borchert an der Mosel.

Für alle Nicht-Österreicher unter der Leserschaft hier eine kleine Übersetzungshilfe: Bei Topfen handelt es sich um Quark und beim Röster um ein Kompott, das ohne Zugabe von Wasser hergestellt wird. Marillen sind das Gleiche wie Aprikosen.

Topfennockerl
mit Marillenröster

Für 4 Personen
Zubereitung 30 Minuten +
20 Minuten Garzeit +
1 Stunde Kühlzeit

Für den Marillenröster
500 g Aprikosen
100 g Zucker
½ TL Zitronensäure

Für die Topfennockerl
250 g Quark (40 % Fett)
1 Ei
1 EL Öl
2 EL griffiges Mehl (oder Weizenmehl Type 550)
Salz
180 g Butter
150 g Semmelbrösel

Außerdem
Puderzucker zum Bestäuben
Zitronenmelisseblättchen für die Dekoration

Für den Marillenröster die Aprikosen waschen, halbieren und entsteinen. Die Hälften in Spalten schneiden und in einem Topf mit Zucker und Zitronensäure mischen. Zum Kochen bringen und 10 Minuten köcheln lassen. Das Kompott dann vom Herd nehmen und abkühlen lassen.

Für die Topfennockerl Quark, Ei, Öl, Mehl und 1 Prise Salz in einer Schüssel verrühren. Den Teig abgedeckt 1 Stunde kühlen.

Danach in einem Topf Salzwasser zum Kochen bringen. Von der Quarkmasse mithilfe von zwei Esslöffeln Nocken abstechen, ins siedende Wassser legen und in 10 Minuten gar ziehen lassen. Mit einem Schaumlöffel herausheben und abtropfen lassen.

Die Butter in einer beschichteten Pfanne erhitzen und die Semmelbrösel darin unter Rühren bräunen. Die abgetropften Nockerl in den Butterbröseln wälzen.

Den Marillenröster auf vier Teller verteilen und jeweils 3 Nockerl darauf anrichten. Mit Puderzucker bestäuben und mit Zitronenmelisseblättchen dekoriert servieren.

Marillenröster lässt sich auch gleich in größerer Menge zubereiten und für den Vorrat einmachen. Dafür 5 kg Früchte mit 1 kg Zucker und 2 EL Zitronensäure mischen und wie beschrieben kochen. Das Kompott heiß in sterilisierte Gläser füllen und sofort verschließen.

Reberziehung
Am winterlichen Drachenfels

Als wir Felix Pieper in seinen Weinberg am Drachenfels im Siebengebirge begleiten, ist der Rückschnitt dort bereits abgeschlossen. Dafür wurden alle Triebe des Vorjahres bis auf zwei entfernt. Dabei muss man darauf achten, dass die ausgewählten Triebe gesund sind und nah am Kopf des Rebstocks sitzen, erklärt er uns. Jetzt werden die verbliebenen Triebe gebogen und mit einem Bindegerät an den Drähten befestigt. Aus den Knospen dieser Triebe werden neue wachsen, die dann die diesjährigen Trauben tragen.

Er mag diese Arbeit, sagt Felix Pieper. Sie wird komplett von Hand erledigt, Rebstock für Rebstock, Weinberg für Weinberg. Wir können ihn verstehen: Die Luft ist frisch, der Himmel blau, unter uns fließt der Rhein und über uns thront der Drachenfels – es gibt schlechtere Arbeitsplätze!

Das Weingut wird in dritter Generation von Felix Pieper geführt. Er hat Weinbau studiert, die Rebflächen erweitert und setzt auf Nachhaltigkeit. Statt Insektiziden verwendet er Pheromonfallen und hat damit gute Erfahrungen gemacht. Maschinen kommen nur selten zum Einsatz, die meisten seiner Hänge sind in Steillage, so wie dieser, auf dem Riesling angebaut wird.

Für dieses Jahr ist eine Premiere geplant: Felix Pieper wird erstmal einen Crémant anbieten. Das ist ein leicht moussierender Schaumwein, der nach bestimmten Vorgaben hergestellt und gereift ist. Dafür verwendet er Chardonnay (weiß), Pinot Noir (rot) und Pinot Meunier (rot). Die beiden roten Sorten wandern nach der Lese direkt in die Presse, werden aber nur leicht angepresst, damit sich die Farbstoffe aus der Beerenhaut nicht lösen. Der Chardonnay wird erst entrappt und dann gepresst. Alle drei Sorten keltert der Winzer getrennt voneinander und baut sie in Holzfässern aus französischer Eiche aus. Eine Assemblage aus den drei Rebsorten schickt er schließlich an einen Versekter an der Mosel, der dann die Flaschengärung und Abfüllung fachmännisch vornimmt.

Die Schupfnudeln (schwäbisch: Bubaspitzle) kann man als Beilage zu Fleischgerichten servieren, deftig mit Sauerkraut essen, oder süß genießen – dann bestäubt man sie mit Puderzucker und reicht Apfelmus dazu.

Schupfnudeln
mit Apfelmus

Für 4 Personen
Zubereitung 20 Minuten +
25 Minuten Garzeit +
12 Stunden Kühlzeit

150 g mehligkochende Kartoffeln
300 g Mehl
3 Eier
Salz, frisch gemahlener Pfeffer
frisch geriebene Muskatnuss
Schmalz (oder Butterschmalz) zum Braten

Außerdem
Puderzucker zum Bestäuben
Apfelmus (am besten selbst gemacht)

Am Vortag die Kartoffeln in der Schale in etwa 20 Minuten weich kochen. Danach abgießen, kalt abschrecken und über Nacht auskühlen lassen.

Am nächsten Tag die Kartoffeln pellen und durch die Kartoffelpresse drücken. Die Masse mit Mehl und Eiern zu einem festen Teig verkneten. Mit Salz, Pfeffer und Muskat würzen.

Aus der Kartoffelmasse fingerlange und fingerdicke Röllchen mit spitz zulaufenden Enden formen. In einem großen Topf reichlich Salzwasser zum Sieden bringen. Die Schupfnudeln portionsweise darin in 3 Minuten gar ziehen lassen. Mit einem Schaumlöffel herausheben und in kaltem Wasser abschrecken.

Reichlich Schmalz in einer Pfanne erhitzen und die Schupfnudeln darin goldbraun braten. Herausnehmen, auf vier Teller verteilen und mit Puderzucker bestäuben. Mit Apfelmus servieren. Zu den süßen Schupfnudeln passt ein roter Traubensaft.

Zwetschgenknödel
mit Bröselbutter

Für 10 Stück
Zubereitung 15 Minuten +
1 Stunde Kühlzeit +
15 Minuten Garzeit

Für die Zwetschenknödel
250 g Quark
50 g weiche Butter
120 g Mehl
30 g Grieß
2 Eigelb
Salz
10 reife Zwetschgen
10 Stück Würfelzucker

Für die Bröselbutter
120 g Butter
150 g Semmelbrösel

Außerdem
Puderzucker zum Bestäuben

Für die Zwetschgenknödel den Quark durch ein Sieb in eine Schüssel passieren. Butter, Mehl, Grieß, Eigelbe und 1 Prise Salz zufügen und alles rasch zu einem glatten Teig verkneten. Den Teig zugedeckt im Kühlschrank 1 Stunde ruhen lassen.

Danach den Teig zu einer dicken Rolle formen und in 10 gleich große Stücke teilen. Die Teigstücke flach drücken.

Die Zwetschgen waschen, entlang der »Naht« aufschneiden, aufklappen und den Stein entfernen. In jede Frucht 1 Würfelzucker legen und wieder zusammenklappen.

Die Zwetschgen jeweils mit einem Teigstück umhüllen und zu einer Kugel formen. In einem großen Topf Salzwasser zum Kochen bringen und die Knödel darin zugedeckt in 12–15 Minuten gar ziehen lassen.

Inzischen für die Bröselbutter die Butter in einer Pfanne erhitzen und die Semmelbrösel darin goldbraun rösten.

Die Zwetschgenknödel mit einem Schaumlöffel aus dem Wasser heben, gut abtropfen lassen und in der Bröselbutter wälzen. Jeweils 1–2 Knödel auf Desserttellern anrichten und mit Puderzucker bestäubt servieren.

Überzählige Knödel lassen sich prima tiefkühlen. Bei Bedarf dann gefroren in siedendes Salzwasser einlegen und wie beschrieben garen. Die Bröselbutter frisch zubereiten.

Apfel-Nuss-Kuchen
vom Blech

Für 1 Blech
Zubereitung 20 Minuten +
30 Minuten Kühlzeit +
45 Minuten Backzeit

Für den Teig
300 g Weizenmehl (Type 405), plus mehr zum Verarbeiten
200 g Butter
100 g Zucker
1 Ei
1 Päckchen Bourbon-Vanillezucker
Salz

Für den Belag
1,5 kg Äpfel (Boskop oder Elstar)
350 g Apfelmus
200 g Walnusskerne

Für die Streusel
200 g Butter
275 g Mehl
125 g Zucker
1 TL gemahlener Zimt
Salz

Für den Teig Mehl, Butter, Zucker, Ei, Vanillezucker und 1 Prise Salz gut verkneten. Den Teig zu einer Kugel formen und abgedeckt 30 Minuten kalt stellen.

Inzwischen für den Belag die Äpfel schälen, vierteln und das Kerngehäuse entfernen. Die Viertel klein schneiden und in einer Schüssel mit dem Apfelmus mischen. Die Walnusskerne hacken.

Den Backofen auf 195 °C Ober-/Unterhitze vorheizen, ein Backblech mit Backpapier belegen. Den Teig auf der bemehlten Arbeitsfläche in Blechgröße ausrollen und auf das Backblech legen. Die Apfelmischung darauf verteilen und mit den gehackten Walnüssen bestreuen.

Für die Streusel die Butter in einem kleinen Topf schmelzen und etwas abkühlen lassen. Mehl, Zucker, Zimt und 1 Prise Salz in einer Schüssel mischen. Die geschmolzene Butter zugießen und alles mit dem Handrührgerät verrühren, bis kleine Streusel entstanden sind. Die Streusel auf dem Kuchen verteilen.

Den Kuchen im vorgeheizten Ofen auf zweiter Schiene von oben 40–45 Minuten backen. Dabei darauf achten, dass die Streusel nicht zu dunkel werden. Herausnehmen und abkühlen lassen. Den Kuchen dann in Stücke schneiden und lauwarm oder kalt servieren. Dazu passt Schlagsahne.

Maximilian Arnolds vom Traubenwirt in Sankt Augustin nennt ihn »Traubenwirts Käsekuchen«, aber eigentlich stammt das Erfolgsrezept von der Großmutter seiner Frau und wird seit jeher zu jedem Familiengeburtstag gebacken.

Käsekuchen
nach Oma Gisela

Für 1 Springform von Ø 26 cm
Zubereitung 20 Minuten + 45 Minuten Backzeit

Für den Teig
- 250 g Weizenmehl (Type 405), plus mehr zum Verarbeiten
- 30 g Zucker
- Salz
- 125 g Butter, plus mehr für die Form
- 1 Eigelb

Für die Füllung
- 750 g Quark (10 % Fett)
- ½ Tasse (ca. 100 ml) Sonnenblumenöl
- 300 g Zucker
- 3 Eier
- Mark von 1 Vanilleschote (oder 2 Päckchen Bourbon-Vanillezucker)
- 40 g Speisestärke

Den Backofen auf 180 °C Ober-/Unterhitze vorheizen. Den Boden der Springform mit Backpapier belegen, den Rand gut mit Butter einfetten. Für den Teig Mehl, Zucker und 1 Prise Salz in einer Schüssel mischen. Butter, Eigelb und 2 EL kaltes Wasser zugeben und alles rasch zu einem glatten Teig verkneten. Den Teig zu einer Kugel formen und auf der leicht bemehlten Arbeitsfläche 5 mm dick ausrollen. Dann in die Form legen, dabei einen 3–4 cm hohen Rand hochziehen.

Für die Füllung Quark, Öl und Zucker verrühren. Die Eier trennen, die Eigelbe in die Quarkmasse rühren. Das Vanillemark zufügen und alles mit den Quirlen des Handrührgeräts zu einer glatten Masse verrühren. Dann die Speisestärke 3 Minuten unterrühren. Zuletzt die Eiweiße zu steifem Schnee schlagen und unterheben. Die Quarkmasse auf den Teigboden gießen und glatt streichen.

Den Kuchen im vorgeheizten Ofen auf mittlerer Schiene in 45 Minuten goldbraun backen. Zur Garprobe mit einem Holzstäbchen in die Füllung stechen. Wenn beim Herausziehen keine Quarkmasse daran haftet, ist der Kuchen fertig. Ansonsten noch einige Minuten länger backen. Den Käsekuchen im ausgeschalteten Backofen bei offener Tür abkühlen lassen. (Durch zu schnelles Abkühlen reißt die Oberfläche.) In 12 Stücke schneiden und servieren.

Für eine fruchtige Note frische Himbeeren auf dem Teigboden verteilen und die Quarkmasse daraufgießen. Oder frische Früchte zum gebackenen Kuchen servieren.

Apple Crumble
mit Waldbeer-Minz-Topping

Für 4 Personen
Zubereitung 15 Minuten +
30 Minuten Backzeit

Für den Crumble
150 g Weizenmehl (Type 405)
80 g Butter
60 g Zucker, plus 3 EL zum
Bestreuen (nach Belieben)
1 TL gemahlener Zimt
Salz
300 g Äpfel
Saft von 1 Zitrone

Für das Topping
50 g gemischte Waldbeeren (TK)
2 EL Zucker
2 Stängel frische Minze

Außerdem
4 Souffléförmchen

Für den Crumble Mehl, Butter, Zucker, Zimt und 1 Prise Salz in einer Schüssel mit dem Handrührgerät vermischen, bis kleine Streusel entstanden sind.

Den Backofen auf 200 °C Ober-/Unterhitze vorheizen. Die Äpfel schälen, vierteln und das Kerngehäuse entfernen. Die Viertel in kleine Würfel schneiden und auf die Souffléförmchen verteilen. Nach Belieben mit 3 EL Zucker bestreuen und mit den Streuseln bedecken. Die Crumbles im vorgeheizten Ofen auf mittlerer Schiene 20 Minuten backen, bis die Streusel knusprig goldbraun sind.

Inzwischen für das Topping Waldbeeren und Zucker in einen Rührbecher geben. Die Minze waschen und trocken schütteln. Die Blättchen abzupfen und zufügen. Alles mit dem Stabmixer fein pürieren.

Die Crumbles aus dem Ofen nehmen und heiß servieren. Das Waldbeer-Minz-Topping dazu reichen.

Das österreichische Waldviertel ist bekannt für seine Mohnfelder, und Waldvierteler Mohntorte ist eine berühmte Spezialität. Vielleicht liegt hier der Ursprung für die Mohntorte, die wir bei Familie Holzapfel in der Wachau probieren durften – mmh!

Mohntorte

Für 1 Springform von Ø 26 cm
Zubereitung 15 Minuten + 50 Minuten Backzeit

8 Eier
210 g weiche Butter, plus mehr für die Form
270 g Zucker
1 Päckchen Vanillezucker
270 g gemahlener Mohn
110 g gemahlene Walnusskerne
½ TL gemahlener Zimt
1 EL Rum

Außerdem
Puderzucker zum Bestäuben
Waldbeeren und Zitronenmelisse für die Dekoration (nach Belieben)

Den Backofen auf 150 °C Ober-/Unterhitze vorheizen, die Springform gut mit Butter einfetten. Die Eier trennen. Die Butter mit Zucker und Vanillezucker schaumig rühren. Die Eigelbe nacheinander zugeben und gut unterrühren. Die Eiweiße zu steifem Schnee schlagen. Eischnee, Mohn und Walnüsse abwechselnd unter die Butter-Eigelb-Mischung heben. Zuletzt Zimt und Rum untermischen.

Die Mohnmasse in die Form füllen, glatt streichen und im vorgeheizten Ofen auf mittlerer Schiene 50 Minuten backen. Zur Garprobe mit einem Holzstäbchen in die Mitte des Kuchens stechen. Wenn beim Herausziehen kein Teig daran haftet, ist der Kuchen fertig. Die Torte aus dem Ofen nehmen und auf einem Kuchengitter vollständig auskühlen lassen.

Die Mohntorte mit Puderzucker bestäuben und in 12 Stücke schneiden. Die Stücke nach Belieben mit Waldbeeren und Zitronenmelisse dekoriert servieren. Dazu noch Schlagsahne reichen.

Register

H

J

K

L

M

P

R

Adressen

Weingut Borchert – Springiersbacher Hof
Im Bild: Gabriele Borchert
Oberbachstraße 30
D-56814 Ediger-Eller
www.ediger-mosel.de
Rezepte S. 27, 53, 90, 157, 161

Weingut Bremer
Im Bild: Cornelia Bremer, Rebecca Bremer
Brückenstraße 2
D-67308 Zellertal
www.weingutbremer.de
Rezepte S. 13, 41, 85, 117, 118

Weinlaube im Brückle
Im Bild: Michael, Stefanie, Marcel und Mirjam Volz
Im Brückle 3
D-70839 Gerlingen
www.imbrueckle.de
Rezepte S. 19, 24, 71, 101, 166

Weinhotel Freylich Zahn
Im Bild: Elvira Zahn-General, Thorsten General
Schützenstraße 9
D-06632 Freyburg a. d. Unstrut
www.freylich-zahn.de
Rezepte S. 42, 74, 102, 126

Weingut und Gutsausschank Gattung
Im Bild: Eva-Maria und Hans Joachim Gattung
Franz-von-Sickingen-Straße 16
55583 Bad Kreuznach
www.weingut-gattung.de
Rezepte S. 37, 105, 122

Rebgut Haltnau, Meersburg
Im Bild: Hubert Böttcher, Küchenchef Karsten Groth
Uferpromenade 107
D-88709 Meersburg
www.rebgut-haltnau.de
Rezepte S. 78, 82, 135, 136

Weingut Holzapfel
Im Bild: Barbara und Karl Holzapfel
Prandtauerplatz 36
A-3610 Weißenkirchen i. d. Wachau
www.holzapfel.at
Rezepte S. 97, 132, 162, 179

Kay Weine
Im Bild: Kay Thiel,
Henriette von Garnier
Bergstraße 45
D-53639 Oberdollendorf
www.kay-weine.de
Rezepte S. 34, 170

Winzerhof Körtgen
Im Bild: Ute Körtgen, Küchenchef Andreas Hoffmann
Oberhutstraße 16
D-53474 Ahrweiler
www.koertgens.de
Rezepte S. 64, 94, 153, 154

Weingut Schuh
Im Bild: Martina Schuh
Dresdner Straße 314
D-01640 Sörnewitz/Sachsen
www.weingut-schuh.de
Rezepte S. 57, 77, 129

Weingut Lithos
Im Bild: Kristina und Christos Theodoropoulos
Am Weinberg 78
D-55430 Oberwesel
www.weingutlithos.de
Rezepte S. 14, 54, 63, 93, 150

Gut Sülz
Im Bild: Sieghild Scholz, Küchenchef Nico Hoffmann, Farlind Scholz
Bachstraße 157
D-53639 Königswinter
www.gut-suelz.de
Rezepte S. 86, 121, 143

Mayer am Pfarrplatz
Im Bild: Clemens Keller, Küchenchef Deli Gjocaj
Pfarrplatz 2
A-1190 Wien
www.pfarrplatz.at
Rezepte S. 45, 46, 109, 110, 169

Traubenwirt
Im Bild: Maximilian Arnolds
Kapellenstraße 2
D-53757 Sankt Augustin
www.traubenwirt.de
Rezepte S. 20, 23, 30, 144, 175, 176

Weingut Pieper
Im Bild: Felix Pieper
Hauptstraße 458
D-53639 Königswinter
www.weingut-pieper.de

Danke!

Viele freundliche, begeisterte und engagierte Menschen haben sichtbar und unsichtbar zum Gelingen dieses Kochbuchs beigetragen. Zusätzlich zu denen, die unter »Adressen« aufgeführt sind, waren einige im Hintergrund tätig, die nicht unerwähnt bleiben sollen!

Im Einzelnen bedanken wir uns (in zeitlicher Abfolge) bei: Günther Jakobs, Kollege von der Atelier-Etage Hafenstraße 64 in Münster, für seinen Weingut-Tipp an der Ahr, Gabriele Borchert vom Springiersbacher Hof für tolle neue Weingut-Adressen, Christian Büning und Marcel D'Avis für Tipps, formidable Unterkunft und eine Stadtführung durch Oberwesel, Natalia Niño und Franziskus Weinert für ihre Gesellschaft und die Bereitschaft, beim Weinabend »Grillen, chillen, Weine killen« auf Gut Lithos für Fotos zu posieren, Mirjam Volz für selbst gepflückten Blumenschmuck im »Brückle« bei Stuttgart, Susanne Abraham-Heim für zweimaliges Nachtlager, schöne Gespräche und echt schwäbische Linsen mit Spätzle und Saitenwürstchen, Hans Joachim und Alexander Gattung vom Weingut Gattung für die Rundfahrt durch die Weinberge an der Nahe, Frau Frölich vom Weingut Frölich-Hake an der Unstrut für Tipps und Kontakte, Torsten Becker, stellvertretender Küchenchef vom Weinhotel Freylich-Zahn für die Zubereitung der ausgesuchten Gerichte, Katja Schmeisser für ein geselliges Frühstück in Dresden, Aleksandar Tadić vom Mayer am Pfarrplatz in Wien fürs geduldige Auf-und-ab-Gehen in Lederhosen, Karin Irk, Küchenchefin vom Weingut Holzapfel in der Wachau für die Zubereitung leckerer österreichischer Speisen, Frau Neumann für die tadellose Rundumbetreuung im Rebgut Haltnau, Hubert Böttcher für die Wendelgardsage, Rebecca Bremer für die Führung durch ihren Pfälzer Weinkeller, allen Erntehelfern von Kay-Weine, Königswinter, für ihre Unterstützung während eines Weinlese-Tages am Rhein, Farlind Scholz und Nico Hoffmann für die Öffnung der Küche vom Gut Sülz in Königswinter mitten im Umbau, Maximilian Arnolds vom Traubenwirt in Sankt Augustin für seine spontane Zusage, seinem Küchenchef Stefan Müller für die Zubereitung von nicht weniger als sechs Gerichten und seiner Frau Juliane Arnolds für freundliche Umsorgung während des Shootings, Edith und Bernd Remmen für unkomplizierte Unterkunft, Nudeln und Sekt in Bonn und Felix Pieper für Erklärungen rund um die Produktion von Crémant und den fotogenen Arbeitseinsatz im Weinberg unter dem Drachenfels.

Wir bedanken uns außerdem besonders herzlich bei unseren Partnern und Familien dafür, dass sie unsere Abwesenheit während der Fotoreisen erduldeten und uns immer und überall unterstützten, bei unserer Agentin Anette Riedel für ihren unermüdlichen Einsatz, beim Dorling Kindersley Verlag für das Vertrauen in unsere Arbeit, besonders bei Anne Heinel für die tolle, flexible und versierte Betreuung des Buches, bei Stefanie Staat für den kundigen satztechnischen Support und bei Petra Teetz für das gewissenhafte Lektorat!

Christiane Leesker und Vanessa Jansen

Abendstimmung an der Mosel,
nicht weit von Ediger-Eller

Rezepte und Texte Christiane Leesker
Fotografie Vanessa Jansen
Lektorat Petra Teetz
Innengestaltung, Typografie Catharina Burmester
Satz Christiane Leesker
Covergestaltung Andrea Högerle
Bildnachweis S. 186: Monika Häusler (Weingut Holzapfel); Elvira Freylich-Zahn (Weinhotel Freylich-Zahn); Blatt (S. 19, 20, 23, 24, 27, 30, 34, 41, 53, 54, 58, 64, 71, 77, 78, 82, 90, 93, 94, 97, 101, 105, 117, 118, 122, 126, 129, 132, 135, 136, 144, 147, 150, 153, 154, 161, 162, 169, 175, 176): Barbulat, iStockphoto.com; Cover: sashuir, iStockphoto.com

Für den DK Verlag:
Programmleitung Monika Schlitzer
Redaktionsleitung und Projektbetreuung Anne Heinel
Herstellungsleitung Dorothee Whittaker
Herstellungskoordination Bettina Bähnsch
Herstellung Stefanie Staat

ISBN 978-3-8310-3867-1

Repro Farbsatz, Neuried/München
Druck und Bindung L.E.G.O. S.p.A., Italien

MIX
Papier aus verantwortungsvollen Quellen
FSC® C023419
www.fsc.org

www.dk-verlag.de

Hinweis
Die Informationen und Ratschläge in diesem Buch sind von den Autorinnen und vom Verlag sorgfältig erwogen und geprüft, dennoch kann eine Garantie nicht übernommen werden.
Eine Haftung der Autorinnen bzw. des Verlags und seiner Beauftragten für Personen-, Sach- und Vermögensschäden ist ausgeschlossen.